Per una nu

Giuseppe Vacca

Per una nuova Costituente

pasSaggi Bompiani

Progetto editoriale di Alberto Cassani

ISBN 88-452-2937-8

Via Mecenate 91 - 20138 Milano
I edizione Bompiani agosto 1996

INTRODUZIONE

La "transizione italiana" è un processo lungo, in atto più o meno da vent'anni. Quella espressione designa il passaggio da un vecchio ordinamento politico, divenuto anacronistico, ad uno nuovo, non ancora ben definito. E il vecchio ordinamento – quello scaturito dai risultati della seconda guerra mondiale e assestatosi agli inizi della guerra fredda – era entrato irrimediabilmente in crisi già negli anni Settanta. Per tutti gli anni Ottanta la sua crisi è stata variamente tematizzata, ma non si è cercato seriamente di risolverla. Fra l'89 e il '92 essa è esplosa e il vecchio sistema politico è andato in pezzi; ma un nuovo ordinamento del governo e dello Stato ancora non è nato e in verità stenta a nascere. Il *pamphlet* che qui presentiamo ha sullo sfondo i problemi della *transizione lunga*, ma si limita a esaminare gli eventi dell'ultimo quadriennio. Infatti, esso vuole essere innanzi tutto un intervento nel dibattito politico attuale per sostenere *da sinistra* le ragioni di una Assemblea Costituente. La sinistra è la parte che più resiste alla riforma della Costituzione. Parti di essa respingono persino le nozioni di *fase costituente* e di *processo costituente*. Eppure, dato che processi di questa natura non dipendono solo dalla volontà degli attori politici, non dovrebbe essere difficile per nessuno riconoscere che il Grande Cambiamento cominciato negli anni Settanta (passaggio alla società dell'informazione in condizioni di crescente interdipendenza e globalità della competizione e dei mercati) ha già disfatto le vecchie forme economiche e politiche della nazione. Come si può pensare di sottrarsi al compito di disegnare le nuove? E come si può eludere la dimensione costituente di tale compito, che impone la riscrittura non solo della Costituzione politica, ma anche di quella economica, intellettuale e morale?

Dopo la stesura di questo *pamphlet* (che è stato scritto fra il 5 e il 15 luglio), il Parlamento ha dato vita ad una Commissione bicamerale con il compito – non sappiamo ancora se redigente o referente – di procedere entro un anno alla revisione della seconda parte della Costituzione. La Commissione sarà composta con criterio proporzionale e – anche perché ormai diffusa è la coscienza che, ove mai essa fallisse lo scopo, tutte le forze politiche ne sarebbero travolte – può darsi che la revisione della Costituzione finalmente si realizzi. La posizione di chi scrive non è pregiudizialmente contraria alla strada imboccata. Tuttavia, a me pare che la portata delle riforme da varare richiederebbe preferibilmente una Commissione costituente eletta direttamente dai cittadini con legge proporzionale. Le motivazioni di tale preferenza sono al centro di questo *pamphlet*. D'altro canto, se la Commissione bicamerale non riuscirà ad adempiere il suo mandato, l'elezione diretta di una Assemblea Costituente diverrà inevitabile. Dunque, conviene avere sott'occhio tutti i termini del problema.

Al saggio principale ho aggiunto, in appendice, due interventi del novembre e dicembre '95 (*Argomenti per una Costituente*, pronunciato al Convegno del Crs *Riformare la Costituzione*, pubblicato in "Democrazia e Diritto", n. 3-4, 1995; e *Un'agenda per la sinistra*, pronunciato al Seminario di Pontignano, inedito), che affrontano anche argomenti in esso non trattati e mi paiono tuttora validi.

Ringrazio Alberto Cassani che, forse stimolato dalla lettura di alcuni miei interventi giornalistici dell'ultimo anno, mi ha proposto di scrivere questo *pamphlet*. Egli ha molto insistito perché lo facessi e anche di questo, ora che l'ho scritto, gli sono grato. Giudichi il lettore se debba essergli grato anche lui.

Roma, 21 luglio 1996

TANGENTOPOLI
E IL GRANDE CAMBIAMENTO

La lunga crisi della Repubblica è stata all'origine di Tangentopoli e dal punto di vista storico gli aspetti più salienti di questa, rivelati o generati dalla vicenda di Mani Pulite, appaiono così articolati. Negli anni Ottanta si era sviluppato un *sistema* di corruzione e concussione che aveva in vario modo coinvolto le imprese e i partiti di governo. Gli equilibri su cui esso si reggeva nel '92 erano venuti meno e, grazie all'iniziativa del Pool di Milano, esso crollò coinvolgendo, nel suo crollo, la vecchia nomenclatura partitica. I gruppi dirigenti dell'economia, della politica e dell'informazione, che hanno il potere di condizionare l'opinione dei cittadini, hanno finalizzato l'azione di Mani Pulite all'espianto della democrazia dei partiti e in gran parte ci sono riusciti.

Una buona letteratura – cito per tutti *Cleptocrazia* di Giulio Sapelli (Feltrinelli, 1994) – ha ricostruito la storia del "meccanismo unico" della corruzione tra economia e politica evidenziandone gli aspetti comuni agli altri paesi, soprattutto dell'Europa latina. Com'è noto, i caratteri del "meccanismo unico" sono stati originati da una lunga storia, nella quale un ruolo determinante hanno avuto le modalità politico-amministrative dell'unificazione nazionale, le basi limitate dello sviluppo economico e il prolungato protezionismo, generatore di un intervento dello Stato molto pervasivo, il carattere ristretto del regime democratico nell'età liberale, l'esperienza del fascismo, che per certi aspetti può considerarsi l'istituzionalizzazione di un "meccanismo unico" della corruzione tra economia e politica, la diffusa intercompenetrazione fra economia mista e partiti di governo nell'Italia repubblicana, esposta ad ogni degenerazione anche a causa del persistente rifiuto *dell'alternanza* e del perdurante *blocco* della democrazia. Ma – gli analisti generalmente concordano su questo – verso la fine degli anni Settanta e negli anni Ottanta avviene *un mutamento qualitativo* della situazione. Il "meccanismo unico" dà luogo ad un *sistema della corruzione*: essa si ramifica in tutto il mondo delle imprese, penetra in tutti gli apparati della amministrazione e dei servizi, e per i comportamenti dei partiti di governo diviene un *sistema della corruzione e della concussione*.

È necessario avere chiara l'origine politica di tale mutamento. A tal fine è opportuno considerare distintamente i comportamenti degli attori. Quanto alle imprese, i problemi principali che alla fine degli anni Settanta si ponevano riguardavano – sia pure in termini meno condizionanti di oggi – il mutamento del vincolo esterno, le sfide della competizione globale, l'ammodernamento tecnologico e dei modelli organizzativi in vista del passaggio, ormai incalzante, all'economia dell'informazione. I partiti di governo (s'era appena installato il Pentapartito) non mostrarono alcuna propensione a promuovere la modernizzazione del sistema politico e amministrativo, dei sistemi di rete e dello "Stato dei servizi", che avrebbe aiutato le imprese a raccogliere le sfide che le riguardavano. Le ragioni erano diverse: la Dc non intendeva mettere in discussione il suo comando sull'economia pubblica, né i caratteri del "*Welfare* all'italiana", su cui principalmente era basato il suo consenso. Il Psi, che a parole si faceva interprete delle innovazioni più ardite, era un competitore troppo debole per costituire da solo una alternativa: perseguendo o subendo una rottura a sinistra, non era in grado di promuovere le riforme – che pure continuamente evocava – ed in realtà era per la Dc un competitore finto, integrato nel suo sistema di potere in modo subalterno.

Quanto al Pci, colpito mortalmente dalla sconfitta della "solidarietà nazionale" negli anni Settanta e messo nuovamente ai margini, pur godendo ancora di un grande consenso elettorale e di un vasto insediamento sociale e amministrativo, non appariva in grado di cogliere il Grande Cambiamento che proprio allora era cominciato: il passaggio alla società dell'informazione e la globalizzazione dei mercati, sul piano internazionale; la necessità di modernizzare il sistema politico e il sistema economico che di conseguenza si poneva sul piano nazionale. Arroccato nella difesa dei gruppi di interesse che rappresentava, cercava di mantenere le conquiste degli anni Settanta. Ma, poco disponibile all'innovazione (soprattutto istituzionale), non aveva una proposta politica pertinente e si comportava come un partito *né di governo né di opposizione*.

L'origine del sistema della corruzione e della concussione era dunque *nella scelta, condivisa da tutte le élites* (economiche, politiche e intellettuali; di governo e di opposizione), *di sottrarsi alle sfide della concorrenza internazionale rinviando la modernizzazione del sistema politico* (democrazia dell'alternanza), *del sistema economico* (superamento dell'economia mista) *e del modello amministrativo* (decentramento, riforma del *Welfare* e della pubblica amministrazione secondo criteri di efficacia e di efficienza). In questo contesto si sviluppa – poiché c'è una convenienza reciproca perversa – il modello di relazioni fra imprese e partiti di governo che dà corpo al *sistema* della corruzione e della concussione. Lo si è raffigurato come *partitocrazia*. In realtà esso scaturiva dalla profonda crisi di legittimazione che aveva colpiti i partiti negli anni Settanta: per la loro incapacità di cogliere il passaggio alla società dell'informazione, di tematizzare la crisi del *Welfare* e di fare i conti col declino finale dello Stato-nazione. Per reazione a quella crisi, che faceva venir meno le loro funzioni di guida ed indirizzo politico del Paese, essi erano spinti ad appropriarsi di quante più risorse pubbliche e private era possibile e ad erogarle in modi utili a mantenere quel consenso che non erano in grado di promuovere con l'innovazione politica. D'altro canto, non è facile stabilire se nell'instaurazione di uno scambio sistematico fra protezione dei mercati e tangenti l'iniziativa sia stata dei partiti o (come è più verosimile) delle imprese. Lo si è descritto come *consociativismo*, richiamando l'attenzione sulla omologazione del Pci al Pentapartito, ovvero individuando nella sua cultura politica – convergente con quella democristiana – un ingrediente essenziale della *democrazia bloccata*. In verità, la consociazione vera era fra il mondo delle imprese e i partiti di governo, che condividevano l'interesse a rinviare la *modernizzazione competitiva* del paese. La responsabilità del Pci era invece nel non saper proporre una alternativa a tutto ciò, e quindi di non riuscire neppure ad opporvisi in maniera efficace. In senso proprio, su un solo terreno fra governo e opposizione di sinistra vi fu consociazione: *il terreno della spesa pubblica*. Con il completamento dello Stato sociale, alla metà degli anni Settanta la spesa pubblica aveva iniziato la sua corsa. Negli anni Ottanta, anche perché con il divorzio dell'81 fra il Tesoro e Bankitalia era venuto meno un elemento fondamentale di controllo, essa cominciò a crescere in maniera esponenziale. Scaturivano di qui le risorse per finanziare, oltre che il consenso ai partiti, il "meccanismo unico" della corruzione e della concussione. Grazie alla crescita incontrollata della spesa pubblica, un fiume di risorse affluiva generosamente alle imprese (sovvenzioni alla ricerca, agevolazioni fiscali, commesse gonfiate, sostegni alle esportazioni, revisione prezzi, etc.) e questo rendeva loro la concussione, esercitata dai partiti di governo in modi sempre più vessatori, conveniente o quanto meno sopportabile. Pur di difendere gli interessi che rappresentava, il Pci fu complice dello sfondamento della spesa pubblica e se nell'indebitamento dello Stato si sintetizzano – come pure è legittimo fare – tutte le degenerazioni del governo del Paese, in quella complicità è la colpa principale del Pci anche in rapporto a Tangentopoli. Non avendo una proposta politica alternativa, non avendo saputo contrastare gli indirizzi economici che riducevano la competitività internazionale del Paese e avendo condiviso le responsabilità della crescita esponenziale del debito, anche il Pci è stato responsabile del rinvio della modernizzazione competitiva dell'Italia.

Il "meccanismo unico" della corruzione e della concussione viene colpito subito dopo le elezioni politiche del '92, per iniziativa del Pool di Milano. Perché allora? E perché in quel modo? Le elezioni del '92 posero fine al ciclo politico del Pentapartito. Quest'ultimo aveva già perso i repubblicani e anche dopo le elezioni essi non vollero rientrare nel governo. L'esaurimento del Pentapartito non era dovuto solo alla erosione del suo consenso elettorale, ma soprattutto al fatto che la modernizzazione del Paese non poteva più essere rinviata. Durante gli anni Ottanta l'Italia si era sensibilmente discostata dai parametri economici dei *partners* europei. Ora, però, interveniva il Trattato di Maastricht, che il nostro paese aveva sottoscritto. Il debito pubblico aveva superato il Pil e di fatto l'Italia era già scivolata fuori dallo Sme. La forte svalutazione della lira, decisa dal governo Amato, non ne fu la causa, ma piuttosto una ratifica, la quale, con il rilancio competitivo dei settori economici a media tecnologia e dei distretti del Nord e del Nord-Est, avrebbe contribuito a incrinare ulteriormente l'unità del tessuto economico del Paese, già duramente colpita dalla incrinatura del legame economico fra Nord e Sud nel quindicennio precedente. Lungo tutto l'ultimo decennio la crisi delle grandi imprese si era aggravata. L'economia mista non reggeva più e così pure la struttura oligarchica del sistema finanziario-industriale della grande impresa privata e pubblica. Già nelle elezioni del '92 l'alternativa non era se affrontare le sfide della modernizzazione competitiva e quindi porre fine al Pentapartito, ovvero – come le forze di governo chiedevano – ribadire la fiducia in esso e continuare per la vecchia strada. La modernizzazione postindustriale non poteva più essere rinviata e si doveva mettere mano ad una pesante manovra di rientro dal debito e alla riduzione del differenziale di inflazione e dei costi del *Welfare*. Si trattava di affrontare questi problemi accendendo conflitti ingovernabili fra i grandi gruppi di interesse, ovvero cercando di concertare fra essi la manovra di rientro e l'avvio di un ciclo di innovazioni economiche e politiche. Ma né le forze di governo, né il Pds tematizzarono così il passaggio del '92. Dopo le elezioni Dc e Psi non furono in grado di proporre una politica di ricambio e il Pds si confermò privo di una proposta di governo. Il sistema dei partiti era giunto al capolinea, la sua presa sulla società e sullo Stato si inceppava, c'erano le condizioni perché l'iniziativa del Pool di Milano deflagrasse.

Essa ebbe un gradiente di consenso impetuoso e si abbatté sul sistema politico cancellando i partiti di governo. Fra gli artefici della costruzione del consenso ad essa vi era una parte delle imprese che della corruzione erano state beneficiarie e attrici. Ma la mutazione di questa in *sistema* e il suo slittamento crescente verso la concussione erano ormai intollerabili. Soprattutto, non erano più convenienti. "Il carattere generalizzato della corruzione le sottraeva ogni utilità competitiva, omologando di fatto la posizione dei competitori sul mercato" (Sapelli, p. 133).

UNA “RIVOLUZIONE” CONTRO LA POLITICA

L’impatto di Mani Pulite sulla politica italiana, i colpi al sistema della corruzione e il disfacimento dei partiti di governo che ne conseguirono hanno attirato l’attenzione dei commentatori e dell’opinione pubblica in tutto il mondo. Hanno suscitato ammirazione, sono stati presi a modello e – specie fra il ’93 e il ’94 – hanno fatto parlare di “rivoluzione italiana”. Quale è stato il comportamento degli attori principali? Sugli effetti di Mani Pulite si sono incrociate finalizzazioni diverse. La destra economica e politica, da sempre ostile alla democrazia dei partiti, ha voluto indicare in questi la causa della corruzione e del suo degenerare in sistema. Le parti politiche che non erano state colpite da Mani Pulite si coalizzarono nel fronte referendario, che rivolse anch'esso i suoi colpi verso il sistema dei partiti. In esso si impegnò il Pds, condividendo e contribuendo a diffondere il convincimento che si dovesse colare a picco la Prima Repubblica senza preoccuparsi troppo di come edificare, nel contempo, la Seconda. L'opera di ricostruzione sarebbe cominciata dopo quella di distruzione, sulle ceneri del vecchio regime, e perciò stesso avrebbe dato frutti migliori. Insomma, qualunque forza politica avesse preso il posto della Dc e del Psi avrebbe mutato in meglio la situazione del Paese. Per oltre un anno i mezzi di informazione presentarono la Lega di Bossi come l'annuncio di un grande partito di governo della borghesia, liberista e liberale, capace di riformare l'economia mista e lo Stato, e di valorizzare il mercato. La spettacolarizzazione dei processi, l'amplificazione sui media del ruolo dei giudici, la sospensione della funzione dei partiti, crearono le condizioni per il rapido diffondersi di un insidioso giustizialismo. Al paese fu imposta una rappresentazione della realtà semplificata e falsa, e una elaborazione della storia della Repubblica che si riassumeva nella tesi di cinquant'anni di consociativismo e di partitocrazia; i campioni del Grande Cambiamento erano i magistrati, il movimento referendario e la Lega. Due anni di tale rumore non potevano che spianare la strada ad una destra populistica, demagogicamente antipolitica e plebiscitaria, che finalmente, con la "discesa in campo" di Silvio Berlusconi, si raccolse nel Polo delle libertà e vinse le elezioni politiche del '94.

Le basi del diffuso orientamento a destra dell'opinione pubblica – tuttora prevalente – erano state create dal modo in cui negli anni Ottanta il Pentapartito aveva governato il mutamento della composizione demografica del paese conseguente all'ingresso anche dell'Italia nella società dell'informazione. Ma l'agglutinarsi di quel consenso attorno al Polo delle libertà fu certamente favorito dal modo in cui anche la sinistra aveva tematizzato il Grande Cambiamento nel '92-94 e da ultimo, con la creazione dell'Alleanza dei progressisti, aveva pensato di poter accelerare la semplificazione del sistema politico in senso bipolare, evidentemente convinta che questo l'avrebbe avvantaggiata.

Ma lo scenario che ho descritto non rappresenta tutta la realtà. Dalla ricostruzione che ho fatto resta fuori l'azione delle parti più responsabili del Paese (i settori dell'economia internazionalizzati in modo non subalterno, Bankitalia, la Chiesa, una parte della sinistra e dei grandi apparati dello Stato), che nel '92-93 ne presero in mano le sorti e dopo la vittoria della destra riuscirono a pilotarlo nella tempesta, creando le condizioni per rovesciarla. La "rivoluzione italiana" non è stata altro che il disfacimento della nomenclatura partitica della Prima Repubblica. Certamente i colpi di maglio sono venuti dai referendum del '91 e del '93, dal Pool di Milano e dalla crescita della Lega. Ma le condizioni politiche perché quell'azione si dispiegasse erano già state create. Prima fra tutte, la decisione unilaterale del Pci di mutare la sua rappresentazione simbolica sulla scena della politica italiana, nell'89. La fine del Pci aveva destabilizzato il sistema politico facendo venir meno il suo asse portante: il criterio di raggruppamento delle forze di governo, costituito dall'anticomunismo. Negli anni Ottanta l'esistenza del Pci più che un problema per la dialettica democratica era stato un comodo alibi per il Pentapartito. Trasformatosi il Pci in Pds, era intervenuta *una liberalizzazione del mercato politico.* Prima o poi la scomparsa del Pci doveva provocare un "effetto domino" nel sistema dei partiti; e quando, nel '92-94, se ne crearono tutte le condizioni, esso si verificò puntualmente.

La liberalizzazione del mercato politico offrì la possibilità alle parti dell'establishment che ho ricordato di indirizzare la transizione italiana su binari più solidi di quelli indicati dalla destra e dai media. Grazie soprattutto alla responsabilità del movimento sindacale, che si rivelò disposto a concertare le politiche di risanamento economico, e grazie al fatto che con la trasformazione in Pds si era incrinata l'indifferenza dell'ultimo Pci verso le responsabilità di governo, con l'incarico a Ciampi si manifestò un mutamento di portata storica: alcune grandi istituzioni si mostravano disponibili ad affrontare la modernizzazione competitiva del paese in modo *riformistico*, e cioè mutando il paradigma di governo della borghesia italiana dal *liberismo ristretto,* che essa aveva mantenuto ininterrottamente per settant'anni, al *contrattualismo*. Poiché la mediazione dei partiti era saltata, con il governo Ciampi l'establishment mandava in campo un manipolo di suoi esponenti fra i più qualificati e per la prima volta riconosceva la legittimità anche della sinistra a governare. La parte modernizzatrice del Paese si muoveva in una direzione nuova: per la riforma del sistema politico sceglieva la "democrazia dell'alternanza"; e per quella del sistema economico imboccava la strada della concertazione. Il ritiro dei ministri del Pds e di area dal governo, dopo l'"incidente" del voto contrario del Parlamento all'autorizzazione a procedere chiesta dal Pool di Milano per Craxi, fu il segno dell'immaturità di quel partito. Quanto a "cultura di governo", rispetto al Pci degli anni Ottanta il Pds mostrava più continuità che capacità di innovazione. Forse la sua scelta fu originata dalla incapacità di cogliere l'impatto che la stessa decisione di trasformare il Pci in Pds aveva avuto sulla vicenda politica italiana nei quattro anni trascorsi. Nel sistema politico l'origine del Grande Cambiamento era stata la "svolta della Bolognina". Ma il gruppo dirigente del Pds non se ne manifestava consapevole; mostrava invece di condividere la rappresentazione della “rivoluzione italiana” proposta dalla destra e l’obiettivo di mettere fine alla democrazia dei partiti. Quindi non riusciva a percepire il ruolo che il suo partito, per il solo fatto di esistere, poteva avere nella transizione italiana. Di qui le scelte che, in sequenza, spianarono la strada alla formazione del Polo delle libertà e alla sua vittoria: i referendum del ’93, la nuova legge elettorale, la pressione per le elezioni ravvicinate nel ’94, la formazione della Alleanza dei progressisti. Ad ogni modo, con la vittoria della destra una tappa della transizione italiana era conclusa. La “rivoluzione di Mani Pulite” metteva capo ad un nuovo sistema politico, sia pure in nuce. Il “nuovo”, che da essa si era invocato, gli elettori l’avevano individuato in Silvio Berlusconi. L’impatto della supplenza dei giudici sul sistema politico era storicamente esaurito.

ASCESA E VITTORIA DEL POLO DELLE LIBERTÀ

Sebbene tutti i sondaggi l'avessero da tempo annunciata, la vittoria del Polo delle libertà destò grande sorpresa. Credo che la ragione di ciò fosse nel fatto che durante la campagna elettorale gran parte degli organi di informazione avevano parteggiato per l'Alleanza dei progressisti e creato così una falsa aspettativa. Anche per questo nell'opinione pubblica di sinistra si diffuse lo sgomento e quando, due mesi dopo, nelle elezioni europee Forza Italia balzò al 30%, lo sgomento si tramutò in panico. Tuttavia, nel giro di pochi mesi il governo della destra si rivelò fragile e la sua base parlamentare cominciò a sgretolarsi. A distanza di un anno, nelle elezioni regionali del '95 la situazione era rovesciata e si creavano le premesse per giungere, un anno dopo, alla vittoria dell'Ulivo. Per fare il punto sulla transizione italiana la ricognizione dei passaggi salienti di questo percorso è indispensabile. Ma forse bisogna fare prima un passo indietro e partire dalle vicende che alla fine del '93 avevano fatto precipitare la decisione di Silvio Berlusconi di "scendere in campo".

Le elezioni comunali della primavera del '93 – le prime a svolgersi con una legge elettorale maggioritaria – avevano messo in evidenza che, laddove i "progressisti" si alleavano con forze di centro, fatta eccezione per Milano, capitale di Mani Pulite e temporaneamente anche della Lega, la destra era minoranza. I referendum di poco precedenti avevano rivelato che la stragrande maggioranza degli elettori esigeva una nuova legge elettorale politica di tipo maggioritario. L'unico partito che poteva vantare una propria vittoria nei referendum era il Pds, che nella raccolta delle firme e nella mobilitazione degli elettori era stato decisivo. Ma esso non fece seguire al suo successo alcuna iniziativa politica, e dalla vittoria dei "referendari" non scaturì un'alleanza di centrosinistra.

Martinazzoli, che nella tormenta di Mani Pulite aveva assunto la guida della Dc e pilotato la nascita del Partito popolare, non voleva affrontare subito nuove elezioni. Non riuscendo ad arginare l'onda dei "referendari", che invece le volevano, puntò tutte le sue carte sulla legge elettorale (monoturnista e col 25% di proporzionale) pensando così di contenere la frana del suo partito. E nelle elezioni preferì correre da solo. Egli non percepiva le dinamiche elettorali nuove che già si erano avviate, aveva una visione statica della situazione e mirò ad un equilibrio tripolare, che desse al suo partito il maggior potere di coalizione possibile, senza vincoli di schieramento. Il Pds puntava invece ad accelerare la semplificazione bipolare del sistema politico. La formazione di un governo Segni di centrosinistra sarebbe potuta essere lo sbocco naturale della vittoria dei referendari. Ma su Segni gravava il veto dei democristiani, da lui traditi l'anno prima quando, nel momento più difficile per la Dc (l'avviso di garanzia ad Andreotti), egli l'aveva abbandonata. Si era giunti così al governo Ciampi, di cui ho già detto l'essenziale. Dopo la pausa estiva, Occhetto pose a Segni l'ultimatum di scegliere l'alleanza con la sinistra. Per contro si intensificava, soprattutto con l'iniziativa giornalistica, la pressione sul Pds perché, per rendere possibile un'alleanza di centrosinistra, rompesse ogni rapporto con Rifondazione comunista. I promotori di questa iniziativa miravano alla creazione di un Partito democratico puramente elettoralistico, nel quale tutta la sinistra, eccettuata Rifondazione, avrebbe dovuto sciogliersi: *il partito che non c'è*, vagheggiato da "Repubblica", ultima trasfigurazione del tradizionale élitismo italiano pregiudizialmente ostile alla democrazia dei partiti; e del non meno tradizionale trasformismo, mirante a perpetuare la tradizione dei governi centristi, inglobanti una parte della sinistra in maniera subalterna.

La legge elettorale che scaturì dalla vittoria dei "referendari" rinfocolò le illusioni di un assestamento tripolare del sistema partitico. La grande stampa continuava a tirare la volata a Bossi e si pensava che l'Italia si sarebbe orientata prevalentemente a favore della Lega al Nord, della sinistra al Centro e della Dc nel Mezzogiorno. Le elezioni amministrative di novembre offrirono ben altre indicazioni. Al Sud il vecchio blocco di Pentapartito si spostava prevalentemente verso An, "sdoganando" gli ex missini. Pur avendo ritirato i suoi ministri, il Pds sosteneva l'azione del governo Ciampi e la concertazione con il movimento sindacale ne era il maggiore supporto. Fidando anch'esso nella tenuta degli ex Dc (ma in proporzioni ridotte, che quindi non avrebbero consentito ai Popolari di dominare una futura coalizione di centrosinistra), anche il Pds optò per elezioni politiche immediate e, perseguendo l'intento di annientare politicamente il centro, diede vita all'Alleanza dei progressisti. Esso commise così due errori gravissimi: il primo consisteva nel non vedere che, quanto più si accelerava la semplificazione bipolare, tanto più l'elettorato moderato si spostava a destra; il secondo era nel sopravvalutare – contraddittoriamente con quanto esso stesso, mirando a distruggere il centro, faceva – la tenuta del centro e di pensare che, di fronte ad una destra raccolta nella Lega e in An, dopo le elezioni le forze di centro si sarebbero alleate con la sinistra per stato di necessità.

Entrambi gli errori derivavano probabilmente dal fatto che, essendo stato fondato non su un esame storico specifico del declino della "repubblica dei partiti" e dell'esaurimento storico del Pci – che datavano dalla seconda metà degli anni Settanta –, bensì su un giudizio indifferenziato e liquidatorio di tutta la loro storia, alla stessa maniera del Pci degli anni Ottanta anche il Pds era affetto da un grave deficit di proposta politica e di governo. Nel '92-94 il Pentapartito era ormai un guscio vuoto, ma il Pds – come già il Pci nel decennio precedente – esibiva un complesso d'inferiorità nei suoi confronti: non si sentiva capace di scomporre e ricomporre le forze con l'iniziativa politica e preferiva assecondare le correnti culturali e politiche che miravano all'annientamento di quei partiti.

Nell'analisi della situazione anche Occhetto non coglieva le nuove dinamiche elettorali, aveva una visione statica delle forze in campo e pensava che la Lega e An non fossero sommabili. Ma la polarizzazione fra l'Alleanza dei progressisti e una destra rappresentata da quelle due formazioni lasciava al centro una vasta terra di nessuno, molto attraente per l'ingresso nell'arena di nuovi competitori. La "discesa in campo" di Silvio Berlusconi si preparava da tempo. Fosse o no Craxi lo stratega, varie erano le forze che dal '92 avevano operato al coperto per riaggregare i nuclei essenziali del dissolto Pentapartito. Le scelte della sinistra – Pds e Rifondazione innanzi tutto – ne facilitarono il compito. Lo spazio centrale fra la destra e i Progressisti fu occupato da Forza Italia e Berlusconi ebbe buon gioco nel mettere assieme – sia pure soltanto in una alleanza elettorale – Bossi e Fini. Inoltre, l'Alleanza dei progressisti era una creazione improvvisata, che non riuscì ad elaborare nemmeno un programma elettorale. Dal canto suo, il Pds proponeva un programma di legislatura coerente con l'indirizzo del governo Ciampi; ma, sconsideratamente, ne aveva accelerato la fine e per di più aveva costruito una alleanza elettorale discrepante con il suo stesso programma.

* * *

Della situazione creatasi con la vittoria del Polo delle libertà due mi paiono gli aspetti più salienti: l'uno riguarda le ragioni della sua precarietà, l'altro – il più importante – l'impatto che il raggrupparsi della destra intorno alle figure di Fini e Berlusconi ha avuto e ha sulla *Costituzione vivente* del Paese. La precarietà della vittoria del Polo era innanzi tutto aritmetica: in Senato esso non aveva la maggioranza. Ma soprattutto il Polo era una alleanza puramente elettorale, troppo eterogenea – se si pensa alla presenza in esso di due forze fra loro ripugnanti come la Lega e An – e priva d'un programma comune per la transizione di tutto il Paese. Non era una alleanza di governo: Berlusconi aveva messo insieme due formazioni politiche territoriali (la Lega non andava oltre il Nord e An non superava i confini del Centro-Sud) che in campagna elettorale avevano escluso la possibilità di dar vita ad un governo comune. Quando lo fecero, ciò accadde anche per il modo in cui l'opposizione di sinistra e i media si erano atteggiati di fronte al risultato delle elezioni.

Nella sinistra si sviluppò subito una demonizzazione di Berlusconi poiché se ne coglieva l'inclinazione a creare un *regime personale*, basato sul controllo totalitario delle Tv e del potere politico. Ma, contraddittoriamente, si dava al tempo stesso per scontata la sua legittimazione a formare il governo sulla base di una investitura diretta degli elettori per aver vinto le prime elezioni svoltesi con una legge maggioritaria. A parte Mario Segni, nessuno sollevò il problema del conflitto di interessi e si configurò il seguente scenario: con il 21% dei suffragi – un punto in più del Pds – Forza Italia era considerata il solo partito autorizzato ad esprimere il capo del governo; che il Polo delle libertà non fosse una alleanza di governo ma un cartello elettorale di forze che dinanzi agli elettori avevano escluso di governare insieme, non venne obiettato da nessuno; Berlusconi era universalmente considerato l'unico capo del governo possibile poiché si opinava che la nuova legge elettorale avesse già instaurato una compiuta "democrazia del maggioritario".

In realtà la trasformazione del Polo in coalizione di governo richiese sei settimane di trattative e la Lega motivò il suo cambiamento di linea solo con uno stato di necessità, che l'obbligava a garantire la governabilità. La sinistra, quasi che d'improvviso fosse sorto in Italia un regime modello Westminster, dava via libera a Berlusconi e mostrava di condividere la tesi che egli fosse il solo uomo politico legittimato a guidare il governo. Naturalmente la forma di governo non era cambiata. Berlusconi aveva ricevuto l'incarico dal Presidente della Repubblica e non un'investitura diretta dagli elettori; e la maggioranza dovette costruirla nel Parlamento. La forma di governo era ancora parlamentare e ben lo si vide sette mesi dopo allorché, venuto meno l'appoggio della Lega, Berlusconi cadde in Parlamento e le Camere furono in grado di esprimere un nuovo governo. Ma la rappresentazione che veniva data al Paese era che, con la nuova legge elettorale, erano i cittadini a scegliere la coalizione di governo e il *premier*. Il Pds condivideva questa opinione tanto che in campagna elettorale aveva fatto del confronto in Tv fra Occhetto e Berlusconi il momento culminante. Si creò quindi una situazione paradossale: un Parlamento nuovo, il cui compito precipuo, secondo gli impegni elettorali di tutte le forze politiche, doveva essere il completamento della transizione istituzionale, ne decretò invece lo stallo: un blocco che dura tuttora.

Le cause principali di questa situazione mi sembrano le seguenti: la condivisione anche da parte della sinistra – dopo la deflagrazione di Tangentopoli – del proposito di cancellare la democrazia dei partiti aveva favorito nell'opinione pubblica una percezione di tipo plebiscitario del sistema maggioritario; la scelta del gruppo dirigente del Pds (dovuta anche alla necessità di vincere l'inerzia interna in tema di riforme), di seguire Mario Segni e di promuovere il cambio della legge elettorale per via referendaria, l'aveva confermata; la decisione di provocare elezioni immediate, senza che accanto alla nuova legge elettorale fossero state introdotte le garanzie e gli istituti della democrazia dell'alternanza, la aveva ribadita ed estesa; la grande stampa orientava l'opinione pubblica verso il presidenzialismo; la destra, raccoltasi attorno a Fini, Berlusconi e Pannella, aveva in esso il suo collante; lo scenario in cui veniva mandata al governo faceva del presidenzialismo il paradigma dell'alleanza e il punto principale del suo programma politico. Le Camere del 27 marzo furono quindi caratterizzate non solo dall'affermarsi di un nuovo, embrionale bipolarismo, ma anche dal costituirsi di due schieramenti di eguale forza, divisi da visioni opposte del governo e dello Stato: la destra era presidenzialista, il centrosinistra era neoparlamentare. I due schieramenti propugnavano *due costituzioni diverse*, contrastanti fra loro. Né un Parlamento eletto con il sistema maggioritario, cioè con una regola che spingeva i contendenti a comportarsi come *due partiti costituenti contrapposti*, poteva essere la sede in cui quella situazione poteva essere cambiata. *Il processo costituente si bloccava*.

IL PDS DA OCCHETTO A D'ALEMA

La destra non era priva di una propria strategia costituentistica. Lo si vide chiaramente subito dopo le elezioni europee allorché, balzata Forza Italia al 30%, Berlusconi cercò di sgretolare la Lega. Egli la pressava minacciando nuove elezioni politiche immediate che avrebbero potuto assorbirne l'elettorato. Le elezioni avrebbero assunto il valore di un plebiscito sul presidenzialismo. Dopo di che, *il vincitore avrebbe dettato le regole della nuova Costituzione*. La doppia sconfitta elettorale della sinistra e del Pds portò alle dimissioni di Occhetto. Il primo luglio venne eletto segretario Massimo D'Alema che operò subito un'inversione di rotta. Ora il Pds mirava a svincolarsi dal vecchio blocco fordista, basato sulla convergenza fra grande industria, sindacato e intervento pubblico, e a promuovere la formazione di un nuovo blocco sociale, risultante dalla coalizione dei settori dinamici del mondo delle imprese, del lavoro e della cultura, inclini a negoziare attivamente l'internazionalizzazione della economia italiana e la modernizzazione competitiva del Paese. D'Alema mirava a fare del Pds il perno politico di tale alleanza. Pertanto, ne indirizzò l'iniziativa alla ricostruzione del centro, nella prospettiva di una alleanza strategica della sinistra con esso.

Con la manovra finanziaria emersero gli orientamenti inflazionistici ed antieuropeistici del governo Berlusconi. Inoltre, esso avviava uno smantellamento del sistema previdenziale pubblico con metodi da "capitalismo nascente" ed eccitava un esteso conflitto sociale. Per sbarrare la strada all'Alleanza dei progressisti, durante la campagna elettorale il mondo confindustriale aveva finito per auspicare la vittoria del Polo delle libertà; ora però l'azione del governo Berlusconi gli alienava il favore dei grandi gruppi di interesse e gran parte dell'establishment gli si metteva di traverso.

La convergenza fra Pds e Popolari offrì a Bossi una sponda. Quando, contro la privatizzazione del sistema pensionistico, si sviluppò una grande mobilitazione sociale e il governo fu indotto a fare macchina indietro, Bossi uscì dalla coalizione e si dichiarò disponibile a sostenere un governo diverso.

Era il “ribaltone”. Ma i partiti che lo provocarono avevano strategie diverse e non potevano dare vita a un governo comune. Inoltre, inspiegabilmente, quando Berlusconi si dimise non fu rinviato alle Camere, né questo passaggio fu richiesto dalle opposizioni. Si sprecava così una buona occasione per riaffermare che la forma di governo parlamentare non era mutata e si portava acqua alla destra, che rivendicava per il solo Berlusconi la legittimità della guida del governo. E quindi, caduto lui, reclamava elezioni immediate.

Non essendoci fra Bossi, D’Alema e Buttiglione un accordo per dar vita ad un nuovo governo, il Presidente della Repubblica, il quale non nascondeva il timore che l’Italia precipitasse in una situazione weimariana, negò lo scioglimento delle Camere invocato dalla destra e accolse la proposta di un “governo di tregua”, un governo “tecnico” con un mandato limitato: manovra correttiva, riforma pensionistica, legge elettorale per le regioni e par condicio. Tuttavia, dovette tener conto che con la nuova legge elettorale il criterio della elezione diretta del capo dell’esecutivo si era già fatto strada e chiese a Berlusconi di indicare un candidato *premier* a lui gradito. Anche così si confermava la tesi che, con la semplice approvazione della legge elettorale maggioritaria, era mutata la “Costituzione vivente”.

Fra i primi a percepire che un Parlamento eletto con il sistema maggioritario non era idoneo a riformare la Costituzione vi era Massimo D'Alema, che nei giorni precedenti la formazione del governo Dini avanzò la proposta di affiancarne l'azione di "tregua" con l'elezione di una Assemblea Costituente. Ma la proposta fu respinta innanzi tutto dal suo partito. La nascita del governo Dini fu consentita dalla astensione del Polo. Esso quindi non era un "governo tecnico", ma *un governo di grande coalizione* (ineguale), che si resse fino a che la "non sfiducia" del Polo lo consentì. L'elusione di una sua esplicita qualificazione politica permetteva alla destra di mantenere una duplice prospettiva: da un lato, vestire i panni di forza responsabile che assicurava la governabilità e però poteva decretare la fine del governo quando più le fosse convenuto; dall'altro, quella di non assumere impegni per le riforme costituzionali e preservare le risorse simboliche favorevoli al presidenzialismo accumulate negli anni precedenti e tesaurizzate con le elezioni del 27 marzo.

Dal canto suo il governo Dini – se si guarda agli interessi rappresentati, alla sua composizione e ai suoi indirizzi – riprendeva il cammino del risanamento e della europeizzazione avviato dai governi Amato e Ciampi. Quindi tendeva a modificare le condizioni che avevano permesso alla destra di coagulare il suo consenso e di imporre la sua agenda alle altre forze politiche ed al Paese.

IL PROGETTO DELL'ULIVO

Nato il governo Dini, l'alleanza fra Pds e Popolari diede origine alla coalizione dell'Ulivo e Romano Prodi assunse il ruolo di candidato *premier*. Il Pds, divenuto in breve tempo il principale sostegno politico e parlamentare del governo, riprese a sviluppare l'iniziativa per le riforme costituzionali. Ciò implicava un mutamento graduale del governo, da tecnico a politico – se si fosse rafforzata la sua base parlamentare al centro e a sinistra – ovvero a *governo costituente* di "larghe intese". Nel primo caso la sede naturale delle riforme costituzionali sarebbe stata una Assemblea o una Commissione Costituente eletta con il proporzionale; nel secondo caso poteva anche essere il Parlamento. Il primo percorso non venne seriamente tentato. Al secondo il Pds cercò di avvicinarsi sviluppando un dialogo diretto con il Polo delle libertà. Questo non vi si poteva sottrarre, ma il suo obiettivo principale restava quello di destabilizzare la situazione e provocare elezioni ravvicinate prima che le riforme istituzionali venissero varate. D'Alema, nel contempo, riprendeva il progetto originario della "svolta della Bolognina", proponendo di riunire in un nuovo partito tutte le componenti della "sinistra di governo" e di costruire un'alleanza stabile di essa con il centro.

In questo contesto si svolsero le elezioni regionali (23 aprile) e il Pds, con il 25% dei suffragi, divenne il primo partito. Nel giro di un anno la vittoria della destra era stata neutralizzata. La costruzione dell'Ulivo prendeva slancio. Si poteva cambiare l'agenda politica. In giugno Prodi e Veltroni furono incaricati di negoziare con il Polo le regole da approvare prima del voto: antitrust, par condicio, legge elettorale a doppio turno, federalismo, modifiche dell'articolo 138 della Costituzione. Bombardato dalle vicende giudiziarie e al tempo stesso rassicurato sul futuro delle sue televisioni (il centrosinistra e la Lega non premevano più di tanto né per regolare il conflitto di interessi, né per varare l'antitrust; e inoltre l'11 giugno il Polo aveva vinto il referendum sulle Tv), Berlusconi accedeva al "tavolo delle regole". Negli stessi giorni, i primi di luglio, si teneva il "Congresso tematico" del Pds. Nei mesi precedenti D'Alema aveva cercato di sviluppare la sua strategia sia sul piano del governo, sia sul terreno del partito, e in maggio aveva proposto di convocare un Congresso ordinario del Pds. Ma anche in questo caso le resistenze interne lo avevano bloccato. Non restava che l'iniziativa sul governo e una prospettiva in due tempi: prima vincere la sfida del governo e stabilizzare la situazione, poi mettere mano al partito. Per sviluppare il suo programma egli propose quindi un "Congresso tematico", che doveva sancire l'alleanza di centrosinistra e la candidatura a *premier* di Prodi, ed impostare il rapporto con Rifondazione comunista come un problema di tutta la coalizione, non del solo Pds. Inoltre, egli rilanciava il progetto di dar vita ad una nuova formazione politica della sinistra "democratica e riformista". Aspetto non secondario, il documento con cui il Consiglio nazionale aveva convocato il Congresso muoveva da una visione autonoma del presente e del futuro dell'Italia e da essa faceva discendere il programma e la missione del partito. Centrale era quindi il tema della europeizzazione della politica italiana e della modernizzazione competitiva del Paese. Insomma, dopo moltissimi anni, si verificava una ripresa della concezione gramsciana e togliattiana della funzione dei partiti.

La partecipazione di Berlusconi e la presenza di Fini al Congresso, l'andamento dei lavori al "tavolo delle regole" e il confronto parlamentare sulle riforme, che si tenne i primi di agosto, registravano il mutamento dell'agenda politica. L'iniziativa volta ad attirare la destra sul terreno della legittimazione reciproca e del dialogo per rivedere insieme la Costituzione aveva colto nel segno. Il cammino delle riforme sembrava essersi sbloccato e il carattere della legislatura, mutato. Sembrava che centrosinistra e centrodestra potessero concordare il calendario politico, raggiungere un accordo sulle nuove regole e stabilire insieme la data delle elezioni. Naturalmente non era così. L'azione del Pds colpiva al cuore la strategia e la configurazione della destra: il suo progetto di dare alla "rivoluzione italiana" un esito autoritario, il suo composto e il suo programma costituzionale erano messi a rischio. Portarla sul terreno del *contrattualismo* non voleva dire semplicemente costituzionalizzarla, ma colpirne l'identità e disgregarla. A quella iniziativa il Polo non si poteva sottrarre sia perché era molto disomogeneo, sia perché i rapporti di forza non glielo consentivano. Ma pensare che potesse soltanto subirla e cambiare natura era illusorio. Dunque, anche l'idea che si fosse raggiunta una intesa sul calendario politico era sbagliata. Il Polo non poteva rinunziare all'obiettivo di elezioni ravvicinate, né posporlo ad alcuna intesa significativa sulle regole. La politica del Pds aveva raggiunto comunque il risultato di sottrarre a Berlusconi l'iniziativa. Ma ritenere che con il "tavolo delle regole" si fosse rimesso in moto il processo costituente era sbagliato. Per un anno intero la destra non aveva parlato di altro che di data delle elezioni e di presidenzialismo, e aveva imposto questi temi anche ai suoi avversari. Se ora subiva una sconfitta sull'agenda la sua vera intenzione si sarebbe manifestata. Il Polo non era il partito delle elezioni ad ogni costo, ma solo a patto che si potesse votare nelle condizioni del marzo '94, e cioè in una situazione in cui esso – mancando le regole e gli stabilizzatori dell'alternanza – poteva riproporre la richiesta di investitura plebiscitaria per riscrivere la Costituzione unilateralmente. Per contro, il centrosinistra poteva accedere alle elezioni anticipate solo dopo che quelle regole e quegli stabilizzatori fossero stati introdotti. Le volontà dei contendenti si annullavano a vicenda e le elezioni come tali nessuno le voleva per davvero. Quanto più l'iniziativa di D'Alema cambiava l'agenda e stabilizzava la situazione, tanto meno il Polo poteva accettare la prova elettorale: avrebbe potuto subirla, ma non volerla.

La verità delle cose venne a galla nel corso dell'estate. La destra orchestrò una campagna scandalistica, "Affittopoli", mirante a colpire la persona del segretario del Pds. I media la amplificarono parossisticamente. Il Polo aveva buon gioco per buttare all'aria il "tavolo delle regole". A causa della pochezza politica di Berlusconi come *leader* e delle vicende giudiziarie che lo incalzavano, ai vertici del

Polo Fini aveva assunto un ruolo paritario e An, a differenza di Forza Italia, aveva un interesse strategico a mantenere la spaccatura del Paese in *due opposti partiti costituenti*, almeno fino a che l'iniziativa del Pds per la legittimazione reciproca con la destra non si fosse rivolta anche a lei. E Fini aveva la forza sufficiente per condizionare Berlusconi.

Ma il mutamento più significativo dell'estate fu quello della grande stampa. Essa aveva tenuto un orientamento ostile alla destra anche dopo la vittoria del Polo delle libertà e da quando era nato il centrosinistra non gli aveva fatto mancare il suo sostegno. L'affermazione della *leadership* di D'Alema aveva attirato verso il Pds l'attenzione crescente dei media. Ma proprio quando con il Congresso tematico e i progressi del "tavolo delle regole" si registrava il maggior successo del Pds, l'umore della grande stampa cambiò. Non che essa si spostasse dalla parte di Fini e Berlusconi; ma mirava a ridimensionare l'immagine del Pds e a contenerne la crescita dell'influenza e del ruolo all'interno del centrosinistra. Era un duplice segnale: da un lato, il *big business* rafforzava l'iniziativa volta ad accrescere il peso delle componenti di centro dei due poli; dall'altro, si evidenziava una sua forte preoccupazione per lo squilibrio fra il modo in cui stava crescendo una "sinistra di governo" e l'inadeguatezza della destra, ipotecata dalla *leadership* di Fini e Berlusconi, a reggere il confronto. Con tali preoccupazioni i grandi gruppi di interesse rivelavano anche la loro pochezza, poiché la configurazione presa dalle destre era dipesa molto dal modo in cui essi avevano pilotato il disfacimento del vecchio sistema politico, senza curarsi dei caratteri che stava assumendo il nuovo. Occupati solo a estirpare la democrazia dei partiti, ora pagavano il prezzo di aver lasciato a Fini e Berlusconi la rappresentanza della destra.

Ad ogni modo, il loro atteggiamento poneva un problema a tutte le forze in campo. La democrazia dell'alternanza in Italia non aveva mai preso piede anche perché, dopo la fine dell'età liberale, la borghesia non era mai riuscita a darsi un suo partito di governo. Sia il fascismo, sia il "regime" democristiano, le avevano offerto partiti di fiducia; ma né il Partito nazionale fascista, né la Dc erano stati veri e propri *partiti di governo della borghesia*. Per settant'anni il problema era stato accantonato o rimosso; ma, ora che la creazione di una democrazia dell'alternanza era (o sembrava) un obiettivo da tutti condiviso, quel problema non poteva più essere rinviato. La difficoltà di risolverlo è una delle ragioni per cui le maggiori oligarchie sia private che pubbliche, autonomizzatesi negli anni della crisi del sistema politico, continuano a preferire governi deboli, un sistema di partiti gracile e poco autonomo che, nel caso il bipolarismo si stabilizzi, si incardini su competitori poco differenziati, in modo da consentirgli di condizionare l'uno e l'altro e di potersi rivolgere per la tutela dei propri interessi all'uno o all'altro da posizioni di forza. Ma, se si vuole costruire davvero una democrazia dell'alternanza, la formazione di un partito di governo della borghesia non è un problema solo di questa, bensì è nell'interesse generale del Paese. A tal fine, il composto attuale della destra dovrebbe essere decostruito e non v'è strada migliore da tentare che quella di una Costituente: una assemblea in cui i rappresentanti, eletti con legge proporzionale, possano costruire la nuova architettura dello Stato dando vita a maggioranze variabili, senza che questo travolga il governo; una assemblea nella quale la borghesia, collaborando attraverso suoi rappresentanti organici al disegno del nuovo Stato, potrebbe svincolarsi dall'ipoteca della destra attuale e darsi un partito di governo simile a quelli che in tutti i grandi paesi europei la rappresentano. Questo argomento di carattere sostantivo offre una delle motivazioni fondamentali per cui la prospettiva della Costituente non dovrebbe essere elusa. E questi problemi evocava il mutamento di linea della grande stampa dell'estate '95. Ma purtroppo non c'erano le condizioni perché la proposta di una Costituente venisse accolta.

LA SCONFITTA DELLA DESTRA

Dopo la pausa estiva la rimonta che il Pds aveva fatto sull'agenda politica era stata annullata ed esso rispose rinsaldando il legame con il governo e sostenendo l'iniziativa del Capo dello Stato che, avvicinandosi il semestre di presidenza italiana del Consiglio europeo, cercava di prolungare la durata del governo almeno fino al giugno del '96. Il 3 settembre Scalfaro aveva chiesto che, come condizioni per andare al voto, venisse approvata la legge sulla par condicio e venissero fissate le garanzie per chi perde le elezioni. Il 7 D'Alema propose a Fini un patto di fine legislatura per votare alla scadenza della Presidenza italiana della Conferenza intergovernativa. Le preoccupazioni di Scalfaro erano diverse: innanzi tutto quella di consolidare la politica di "rientro in Europa" che Dini perseguiva con successo; in secondo luogo, prendere tempo nella speranza di indurre la destra a qualche accordo sulle regole prima di sciogliere le Camere in anticipo per la seconda volta consecutiva. Dal maggiore impegno nel sostenere il governo il Pds cercava di ottenere in cambio una qualificazione politica di questo. Ma la strada era preclusa dal ruolo determinante della Lega nella maggioranza. Tuttavia, la sua disponibilità ad appoggiare il governo fino a giugno dava a Dini la possibilità di tentare la carta di un nuovo mandato su un programma minimo di tipo costituente. L'iniziativa godeva dell'appoggio del Capo dello Stato.

Ma la destra non intendeva accedere a un'intesa su un Dini bis costituente e tentò lo *show down* per provocare le elezioni. Il ministro Mancuso, che nel governo Dini era uno dei principali garanti di Berlusconi, aveva preso varie iniziative per intimidire il Pool di Milano e condizionare l'azione della magistratura. La sinistra ne aveva chiesto le dimissioni fin da luglio. In ottobre, con l'approvazione di una mozione di sfiducia da parte del Senato, essa ottenne la sua rimozione e la destra, per ritorsione, presentò una mozione di sfiducia contro il governo. Grazie ad una sofferta maturazione di Rifondazione comunista, che votò insieme alle forze di centrosinistra, essa fu battuta. D'Alema tentò allora la carta di un *governo costituente*, dichiarando la sua disponibilità ad accogliere, in cambio di una legge elettorale a doppio turno, anche forme di elezione diretta del Capo dello Stato. Negli ultimi giorni di dicembre egli proponeva la formazione di un governo di “larghe intese” per consentire al Parlamento di avviare una “fase costituente”. La proposta venne appoggiata da Scalfaro nel messaggio di fine anno e, poiché il dialogo fra D’Alema e Berlusconi proseguiva, sembrò aprirsi una nuova strada. La destra si oppose a che fosse Dini ad assumere la guida di un governo di “larghe intese” ed egli fu costretto a cedere il passo. Le sue dimissioni erano invocate a gran voce anche da Rifondazione comunista, che aveva votato contro la mozione di sfiducia del Polo e salvato il governo in cambio dell’impegno solenne di Dini a dimettersi subito dopo l’approvazione della legge finanziaria. Il mandato esplorativo per formare un governo costituente venne affidato ad Antonio Maccanico che pareva godesse del gradimento anche della destra. Ma le forze che lo sostenevano e lui stesso proposero un esecutivo molto qualificato, di evidente profilo di centrosinistra. Dunque, non di un vero e proprio governo di “larghe intese” si trattava, ma di una riedizione politicamente qualificata del governo precedente, che ricevendo il consenso di Forza Italia avrebbe spaccato il Polo e ricacciato An nel ghetto del vecchio Msi. Dalla formazione di un governo così rafforzato al centro e al quale Rifondazione comunista era ostile, il Pds, che invece intendeva sostenerlo, rischiava di essere attirato in una spirale trasformistica. Ma la legge elettorale a doppio turno, che avrebbe ottenuta in cambio, gli garantiva il recupero della autonomia e un ruolo preponderante nella sinistra per il futuro. Per An, invece, non vi era in prospettiva una analoga compensazione e Fini aveva ben ragione a tirare continuamente la corda affinché, se un governo costituente si fosse formato, esso fosse composto da rappresentanti dei partiti e anche An vi partecipasse, insieme agli altri, in modo paritario. In verità, la sola possibilità che un governo costituente prendesse corpo era nella garanzia che all'accordo poteva dare un "triumvirato" dei tre segretari dei maggiori partiti. Per contro, la presentazione del governo Maccanico come un nuovo governo "tecnico" che però doveva essere anche un governo di "larghe intese" e la compagine da lui presentata, nella quale non vi erano rappresentanti della destra, costituivano una simulazione insostenibile. Non potendo vincere sul suo terreno, Fini esercitò tutto il potere di interdizione di cui disponeva, presentò le sue richieste sul presidenzialismo come non negoziabili e indusse Berlusconi a fare marcia indietro, facendo fallire il tentativo di Maccanico. Si andava inevitabilmente alle elezioni.

La prospettiva di un governo costituente non aveva mai avuto molte possibilità e chi la perseguiva ritengo ne fosse consapevole. Di norma un governo costituente presuppone una omogeneità di vedute dei contendenti sul sistema politico in atto o su quello da ricostruire; e non era questo il caso del Polo delle libertà e dell'Ulivo. Dunque, la proposta era stata avanzata per togliere nuovamente dalle mani della destra l'iniziativa sull'agenda politica, non certo nel convincimento di poter giungere davvero ad un governo di "larghe intese". Una *chance* in più era offerta dal peso che in Forza Italia avevano le posizioni neocentriste. Una parte di Forza Italia mirava a staccarla da An e a farne un punto di attrazione di tutto il centro moderato, nella prospettiva di un bipolarismo temperato, che tagliasse fuori o rendesse del tutto ininfluenti le "estreme", An e Rifondazione comunista. Berlusconi, che in realtà era del tutto indifferente alle diverse soluzioni istituzionali ed era in crescenti difficoltà personali, dava spazio a quelle posizioni. Ma quale fosse il limite oltre il quale egli non poteva andare lo si vide allorché chiese di inserire nel governo un ministro delle Poste e un ministro di Grazia e Giustizia di sua totale fiducia. Berlusconi poteva essere il partner di un governo costituente solo a patto che questo l'avesse sottratto alla giustizia e ne avesse garantito gli interessi aziendali. Entrambe le condizioni erano impossibili.

Che cosa dunque si riprometteva D'Alema con la proposta del governo di "larghe intese"? Egli vedeva che l'iniziativa per posporre le elezioni alla introduzione di regole e garanzie stabilizzatrici dell'alternanza non aveva più prospettive e, nell'imminenza delle elezioni, cercava di creare le condizioni politiche più favorevoli al centrosinistra. D'intesa con tutto l'Ulivo, aveva già stipulato un accordo di desistenza elettorale con Rifondazione comunista. Il legame stretto con Dini e il sostegno ad un'ipotesi di governo costituente da lui presieduto, grazie anche al fatto che la destra, per i *diktat* di Fini, era entrata in rotta di collisione con Dini, aveva creato la possibilità che questi si schierasse con l'Ulivo e quindi aveva posto le condizioni per un ulteriore allargamento della coalizione di centrosinistra verso il centro. In fine, l'iniziativa di un dialogo diretto con Berlusconi e il colpo di scena con cui D'Alema, bocciata da Fini l'ipotesi di un accordo sulla elezione diretta del *premier* ("lodo Fisichella"), aveva aperto alla trattativa per l'elezione diretta del Capo dello Stato, avevano cacciato il Polo nel dilemma o di accettare l'ipotesi del governo di "larghe intese" perdendo definitivamente l'iniziativa sull'agenda, o di rifiutarla pagando il prezzo di appiattirsi sulle posizioni di An. L'una o l'altra alternativa l'avrebbero seriamente penalizzato elettoralmente. In queste condizioni l'Ulivo poteva affrontare la prova elettorale vantaggiosamente. E la vinse.

IL GOVERNO DELL'ULIVO E I COMPITI DELLA SINISTRA

Il 21 aprile l'Ulivo ha vinto le elezioni, ma il centrosinistra non è maggioranza nel Paese; anzi, rispetto alle elezioni politiche del '94, la destra è ancora più numerosa. *La vittoria* dunque, resa possibile dal fatto che l'Ulivo e non il Polo ha goduto di quell'effetto moltiplicatore che il maggioritario consente alla coalizione più prestigiosa, *è* stata quant'altra mai *politica*. La sua spiegazione vera è nel carattere delle forze che nella coalizione di centrosinistra si raccolgono. Sono le componenti modernizzatrici del mondo del lavoro, delle imprese, della intellettualità diffusa e delle classi medie. E si coalizzano per negoziare attivamente l'internazionalizzazione della economia italiana e l'europeizzazione del Paese, consapevoli che queste sono le vie d'accesso alla sua modernizzazione competitiva. Apparentemente, il Polo è più omogeneo del centrosinistra poiché è composto da due sole formazioni politiche, di peso quasi eguale. In realtà, è il blocco di centrosinistra ad avere più coesione, maggiore possibilità di attrazione e capacità di differenziare e dividere gli avversari. La ragione di ciò è, a mio avviso, nei processi strutturali che caratterizzano il passaggio degli anni Novanta: *l'avvento della società dell'informazione procede in condizioni di crescente interdipendenza e di competizione globale*. Il terreno dell'egemonia continua ad essere innanzi tutto quello nazionale. Ma il mutamento del vincolo esterno cambia gli equilibri tradizionali fra politica interna e politica internazionale. Non solo nel senso – già sperimentato nel quarantennio della guerra fredda e del bipolarismo – d'una crescente subordinazione della politica interna alla politica estera, ma anche nel mutamento dei criteri di raggruppamento delle forze e di demarcazione fra destra e sinistra a livello nazionale. Per tutta l'epoca dell'industrialismo e del fordismo la polarizzazione fra destra e sinistra rifletteva la struttura dicotomica della società e il loro principale tratto di distinzione era fra la regolazione politica (sostenuta dal movimento operaio e dalla sinistra) e la regolazione di mercato (sostenuta dal *big business* e dalla destra): "keynesismo nazionale" versus liberismo, Stato contro mercato. Con il progredire della globalizzazione, fin dagli anni Settanta ha cominciato a non essere più così. L'economia mondiale si è articolata in una pluralità di *regioni sovranazionali* e i mercati nazionali non sono più i centri di propagazione delle onde dello sviluppo. Tendenzialmente quest'ultimo si articola lungo l'asse *mercato globale/sistemi locali*. Le risorse della regolazione politica si spostano nelle istituzioni sovranazionali, verso l'alto, e nei sistemi locali, verso il basso. L'economia dell'informazione e la diffusione delle relazioni di mercato anche nelle aree dei servizi tradizionalmente riservate al *Welfare*, mutano morfologicamente il tessuto delle imprese, gli apparati della riproduzione, i ruoli professionali e le relazioni sociali. A livello nazionale, le forze sociali (dal mondo del lavoro a quello delle professioni e delle imprese) si dividono fra le componenti che possono cogliere le *chances* della globalizzazione e vogliono negoziare le condizioni della sovranazionalità, e quelle che invece ritengono di dovervisi sottrarre. Nei paesi periferici ed economicamente più deboli, sul fronte del nazionalismo economico in genere si pone la destra; ma il *brassage* in corso nei mercati del lavoro spinge in quella posizione parti anche molto estese dei lavoratori dipendenti più tradizionali. Il blocco riformatore si compone delle forze che vogliono battersi per la modernizzazione competitiva del Paese e, là dove è la sinistra a farsene interprete, essa si dimostra capace di innovazione anche nel ridisegnare il *Welfare* e nel promuovere politiche sociali a scala sovranazionale.

In Italia, grazie al rinnovamento profondo della sinistra negli anni Novanta, la rappresentanza di questo blocco l'ha assunta l'Ulivo. Sotto taluni aspetti la sua vittoria ha un valore esemplare. Anche la diffusione dell'economia dell'informazione avviene sotto il segno dell'*americanismo*; ma, come già è stato per il fordismo, l'Europa ha caratteristiche proprie, per cui un diverso modello di capitalismo, fortemente innervato da reti di democrazia economica e di regolazione sociale, è di nuovo in corso di sperimentazione. La composizione demografica dei paesi europei, l'eredità dinamica degli Stati sociali, le reti della partecipazione e della solidarietà, la diffusione delle interdipendenze e la flessibilità dei sistemi politici creano le condizioni per cui in Europa l'asse fisiologico per governare la modernizzazione postindustriale è il centrosinistra. Perché questo si realizzi – questo è il valore esemplare dell'Ulivo – è necessario che la sinistra stabilisca una *alleanza strategica con le componenti modernizzatrici del centro*. Inoltre – l'esempio delle elezioni spagnole e francesi, dove le forze della sinistra sono rimaste divise fra loro e dal centro, lo conferma *a contrario* – è necessario e possibile che si alleino *tutte* le forze della sinistra e di centrosinistra senza limiti pregiudiziali né verso quelle più moderate, al centro, né verso quelle della sinistra radicale sul versante opposto. A fronte della competizione globale, dei mutamenti profondi della composizione demografica e del valore distruttivo che la diffusione non regolata della forma di merce può avere, la strategia politica che meglio può concorrere a rielaborare le particolarità positive del modello di sviluppo europeo ha nella sperimentazione dell'Ulivo una figura esemplare.

Ma per ora il successo dell'Ulivo rappresenta più una sconfitta della destra che una vittoria piena del centrosinistra. La vittoria elettorale dell'Ulivo non basta a stabilizzare la situazione e la ragione principale di ciò è nella incompiutezza della transizione e nel perdurare del blocco delle riforme costituzionali. Non essendo risolto il problema della "destra di governo", una parte del *big business* si è subito proposta di ridimensionare il peso della sinistra, che nella coalizione dell'Ulivo è preponderante. Infatti, sono subito cominciate manovre trasformistiche per attrarre una parte del centro, alleato della sinistra, sull'altro fronte, per divaricare le forze di centro da quelle della sinistra, per riproporre veti e interdizioni verso Rifondazione comunista: insomma, per condizionare pesantemente il governo, cercando di stemperarne l'azione riformatrice.

Queste manovre possono trovare dei varchi a causa di un problema non risolto della coalizione, di carattere funzionale. La sua base parlamentare è formata principalmente dalla sinistra e il Pds, che è il partito di maggioranza relativa, ha un ruolo essenziale nel tenerla unita. Ma il *premier* è collegato ad un partito minore, sebbene di grande peso politico. Né è stata ancora definita la metodologia dei rapporti tra la compagine di governo e i partiti della coalizione. Inoltre, l'effetto moltiplicatore dell'Ulivo sul piano elettorale può alimentare l'idea che esso possa prescindere dal ruolo dei partiti della coalizione (che, non lo si dimentichi, comprende anche Rinnovamento italiano e, a un livello diverso, Rifondazione comunista: tutti insieme hanno vinto le elezioni, non solo l'Ulivo) più di quanto in realtà non sia. Le tensioni che dall'insieme di questi fattori si possono sprigionare vengono alimentate da correnti di opinione che propongono dall'esterno al Pds il dilemma di una alternativa inesistente, cioè se trasformarsi in un "partito democratico" senza ulteriori specificazioni, ovvero in una formazione più larga di tipo classicamente socialdemocratico. Il dilemma è artificioso perché non corrisponde al dibattito interno al partito ed è incongruente, perché non si chiarisce quale prospettiva concreta le due diverse alternative dovrebbero rappresentare. In realtà, l'iniziativa muove dagli stessi ambienti che qualche anno fa agitavano la proposta del *partito che non c'è*. Essa non rappresenta altro, come abbiamo già detto, che una variante "di sinistra" del tradizionale pregiudizio dell'élitismo italiano contro i partiti e dell'avversione assai diffusa per la democrazia dei partiti.

Ma qual è il compito della sinistra dopo la vittoria dell'Ulivo? Banalmente, è quello di sostenere l'azione del governo, consolidare la coalizione e cercare di rafforzarla, tanto a sinistra quanto al centro. Tuttavia, se si considera che il problema prioritario da risolvere è quello di sbloccare il processo costituente, il compito non è poi così banale. Si tratta di favorire, in primo luogo con l'iniziativa politica, l'evoluzione bipolare del sistema partitico. E quindi il compito precipuo è quello di unificare, in una formazione partitica nuova, tutte le componenti della sinistra "democratica e riformista". Questo obiettivo ha anche un'altra motivazione, che logicamente precede quella sistemica appena menzionata. Nessuna corrente politica tradizionale della sinistra può pensare di trarre dalla sua sola storia la forza innovatrice necessaria a elaborare la cultura di governo che la società dell'informazione e le sfide dell'interdipendenza e della globalità richiedono. Né alcuna di quelle tradizioni può pensare di rinnovarsi fino al punto di oltrepassare da sola la propria storia. Sarebbe come proporsi di saltare oltre la propria ombra.

Dunque, da tutti i possibili *partners* la ricerca deve essere affrontata *insieme*, e i suoi protagonisti non si stabiliscono a disegno: destra e sinistra si ridefiniscono vicendevolmente, nel mutare del corso della storia. Il passaggio alla società dell'informazione e le forme assunte dalla globalizzazione intervengono sulle culture politiche tradizionali, rideterminandone contenuti e valori. Così mutano di forma e si dividono in nuove correnti di sinistra e di destra il liberalismo, il cattolicesimo politico, il socialismo e la democrazia. E anche le loro divisioni sono determinate dallo stesso dilemma: *internazionalizzazione negoziata versus nazionalismo economico*. Unificare le correnti riformistiche che nel processo di riclassificazione delle culture politiche del Novecento oggi si formano è un cimento che procede da una innovazione ardita nei paradigmi, da una ricerca culturale e programmatica comune, dalla riconsiderazione di tutte le forme di soggettività politica e organizzativa finora conosciute.

Questo progetto non si può applicare all'Ulivo. La prospettiva di farne un unico soggetto politico non esiste, sia perché esso è una coalizione di partiti gelosi delle loro identità e collocati in Europa in aree ben diverse che in Italia, sia perché il problema precipuo della coalizione di centrosinistra è quello di estendere il suo consenso al centro e questo, da una *reductio ad unum* dell'Ulivo, verrebbe impedito.

Il compito del Pds, dunque, è quello di avanzare una proposta di organizzazione unitaria delle correnti riformiste e democratiche di sinistra, lasciando aperta la porta alla unificazione anche con la sinistra radicale. Nella misura in cui l'impresa riuscirà, accelererà la costituzionalizzazione della destra radicale e spingerà anche la "destra di governo" a riorganizzarsi, contribuendo così alla stabilizzazione del bipolarismo e allo sviluppo della democrazia dell'alternanza. Questa è la via principale – torno a dire – per rafforzare il governo, contribuendo a varare riforme sistemiche favorevoli alla stabilità.

Nell'assolvere questo ruolo D'Alema si è rivolto innanzi tutto ad interlocutori del riformismo socialista e ciò ha provocato alcune reazioni negative. Che possano esserne allarmate le forze di centro presenti nell'Ulivo si può capire; ma spetta a loro estendere il proprio raggio di azione e accrescere la loro influenza. Non si giustificano, invece, le resistenze emerse nella sinistra. Rivolgere l'iniziativa verso le correnti di quello che fu il riformismo socialista, da parte del Pds, è la premessa di una revisione di indubbio valore per tutta la sinistra. L'aver reagito alla vicenda di Mani Pulite lasciando alla magistratura il compito di chiudere la vicenda storica del Psi è stata la manifestazione più evidente della *cattiva continuità* fra l'ultimo Berlinguer (quello che, impostando nell'81 la "questione morale" come denuncia della partitocrazia, apriva il varco alla penetrazione della lettura di destra della crisi italiana nella cultura del Pci, e poneva le premesse per cui, dinanzi alla esplosione di Mani Pulite, il Pds ha vissuto la *questione socialista come questione giudiziaria*) e i primi anni del Pds. Essa è stata la causa non ultima della sua incapacità di basare il progetto ambizioso della "svolta della Bolognina" su un'analisi differenziata della storia repubblicana e su una visione veritiera della crisi degli anni Settanta e Ottanta. Soprattutto per questo nei primi anni del Pds il proposito di rifondare la sinistra per ricostruire lo Stato democratico (e viceversa), non si è realizzato. Promuovere una revisione del giudizio sul riformismo socialista degli anni Ottanta è per esso la via più diretta per fare i conti con i limiti culturali e politici del Pci berlingueriano e inquadrare le sue responsabilità nella lenta agonia della repubblica negli anni Ottanta; è quindi una correzione necessaria per dare al Pds una giustificazione storica e una base culturale più solide; è la migliore via d'accesso ad una riconsiderazione dei rapporti storici fra il riformismo della tradizione comunista italiana e quello socialista e socialdemocratico (italiano ed europeo); in fine è l'iniziativa politica che più direttamente può favorire la elaborazione d'un nuovo riformismo, per l'oggi e per domani.

Naturalmente, l'onda di risacca sollevata dai progressi del dialogo fra D'Alema e Amato può aver generato l'impressione che si aprisse la porta al riciclaggio di personaggi screditati del "craxismo". Il compito di cancellare questa impressione e di evitare questo rischio spetta anche agli interlocutori e dipenderà dalla loro disponibilità ad accettare due condizioni necessarie per una ricerca comune: la prima riguarda l'impostazione del problema, che non può essere quella di un riconoscimento a posteriori, da parte dei "postcomunisti", delle buone ragioni di Craxi non comprese a suo tempo dal Pci; la seconda è il riconoscimento del fatto che se la tradizione comunista italiana, malgrado tutti i suoi difetti, è stata la cultura politica che, nel crepuscolo della "prima Repubblica", ha avuto maggiore capacità di rigenerarsi, ciò è dipeso dalla funzione assolta dal Pci nella storia dell'Italia repubblicana, che evidentemente è stata diversa dalla raffigurazione datane dalla cultura del Psi negli anni Ottanta. Il primo tema conduce alle ragioni per cui la vicenda del Psi si è conclusa come una "questione giudiziaria". Esse non stanno nella volontà del Pds di sfruttare la vicenda di Mani Pulite per distruggere il Psi; e non stanno neppure nel grado particolarmente alto di corruzione, che Craxi aveva introdotto nel suo partito. Sotto i colpi del Pool di Milano il Psi è crollato perché la politica di Craxi era fallita due volte: la prima quando, a cavaliere degli anni Ottanta e poi lungo tutto il decennio nella concreta azione di governo il "nuovo Psi" aveva tenuto comportamenti del tutto difformi dal riformismo che proclamava; la seconda allorché Craxi non era stato capace neppure di provare, nell'89-92, ad essere il Mitterand italiano e aveva pensato che la fine del "comunismo storico" travolgesse il Pci e ne conducesse le truppe sotto le sue bandiere. In entrambi i casi la radice dell'errore era nella *rottura a sinistra*, che, quali che fossero le responsabilità del Pci nel favorirla, del Psi di Craxi era stata il paradigma. Dunque, il giudizio politico sul "craxismo" è già consegnato alla storia, e non c'è nulla da rivedere. Il secondo tema riguarda la percezione equanime di quella che effettivamente è stata la vicenda del Pci dopo la seconda guerra mondiale. Essa non è stata né la continuazione del massimalismo italiano (anche se il Pci ne ereditò lo spazio e in alcune fasi anche il ruolo), né quella di un Partito comunista "normale". È stata invece la storia di un *comunismo* a suo modo *riformista*, non solo originale nel panorama del movimento comunista internazionale, ma anche capace di sopravvivergli e di dar vita ad una formazione politica nuova e vitale, con rinnovate capacità riformatrici.

Ma la *costituente della sinistra* deve rivolgersi a tutte le correnti riformiste e democratiche, e tutte insieme debbono dar vita ad una nuova formazione politica ancorata al socialismo europeo. A tale proposito è bene considerare che l'iniziativa del Pds nasce anche dalle caratteristiche dei suoi militanti ed elettori. Già oggi la maggioranza degli iscritti non ha avuto alcuna esperienza precedente del Pci, mentre la quasi totalità dei gruppi dirigenti, dal centro del partito fino all'ultima sezione, vengono dalla sua storia. Quanto agli elettori, da più di un anno le indagini demoscopiche dicono che il Pds è considerato votabile da circa la metà degli elettori italiani. Dunque, la forbice fra il partito attuale e quello che il Pds può diventare è enorme. Essa non potrà essere ridotta pensando di sofisticare oltre l'immaginabile la pur grande ricchezza di una tradizione politica sola, quella del Pci.

UNA NUOVA COSTITUENTE PER GUIDARE LA TRANSIZIONE

Ma per portare a compimento la transizione italiana le risorse politiche da sole non bastano. Dopo la vittoria dell'Ulivo il problema della Costituente si ripropone in termini sostanzialmente immutati. Il blocco delle riforme deriva dalla natura dei due schieramenti che dal '94 si sono formati e, sebbene la vittoria dell'Ulivo possa creare condizioni più favorevoli, in termini sistemici e sostanziali i nodi da sciogliere sono sempre gli stessi. Su di essi mi soffermerò nello scritto che segue. Poiché è stato concepito prima della vittoria del centrosinistra, agli argomenti in esso toccati aggiungo alcune considerazioni. L'Ulivo è al governo e non spetta ad esso proporre per primo una Costituente. Esso deve prima tentare di avviare un processo di revisione della Costituzione in Parlamento; tanto più che nelle proposte istituzionali la coalizione non è unita e non può essere essa stessa a sollecitare, in materia così delicata, le proprie differenze. Ma essa deve sapere che con il ricorso all'articolo 138 della Costituzione se ne può rivedere qualche punto, non si può certo pensare di portare a termine un processo di revisione costituzionale come quello che è all'ordine del giorno. In un Parlamento costituito sulla base del maggioritario, poi, per le ragioni che prima ho accennato, tale possibilità è del tutto preclusa. L'argomento che in un'Assemblea Costituente eletta col proporzionale potrebbe venir fuori una maggioranza di centrodestra che destabilizzerebbe il governo, è pretestuoso. La convocazione di una Commissione Costituente con mandato stabilito dal Parlamento – di questo si tratta e non d'una Assemblea che debba riscrivere tutta la Costituzione – è la sola iniziativa che può porre il Polo e l'Ulivo sullo stesso terreno. Data la debolezza della maggioranza, questo migliorerebbe i rapporti con l'opposizione e faciliterebbe l'azione del governo. Inoltre, se si raggiungesse un'intesa in proposito, poiché il processo di revisione costituzionale necessario ad eleggere una Commissione Costituente è lungo e complesso, la sua elezione non potrebbe avvenire prima di un anno e dopo un periodo prolungato di azione di governo; se questa sarà intensa ed efficace, Prodi avrà un consenso più ampio nel Paese e una base parlamentare più stabile. In terzo luogo, poiché la Costituente nascerebbe in base ad un accordo fra il centrosinistra e la destra, quale che fosse la geografia della nuova Assemblea, questa risulterebbe investita in maniera inequivocabile di un mandato diverso da quello del Parlamento; la maggioranza di governo anziché essere messa a rischio sarebbe posta al riparo, poiché non sarebbe più esposta alle manovre che attualmente la insidiano, cioè alle strumentalizzazioni che dei temi costituzionali tuttora vengono fatte per dividerla o per impedire al Parlamento di funzionare. Già l'intesa per dar vita alla Costituente creerebbe una distinzione netta fra il binario del governo e quello delle riforme costituzionali. Non vedo perché, se in essa si verificasse una prevalenza delle destre, questo metterebbe in crisi la maggioranza di governo. L'Assemblea Costituente sarebbe eletta col proporzionale e quindi *naturaliter* legittimata a procedere con maggioranze variabili, secondo i diversi temi di revisione, così come in materia costituente è fisiologico che avvenga. In fine, c'è il problema di dare una risposta positiva alla Lega sul solo terreno su cui le forze di governo hanno il dovere di farlo: il terreno delle riforme costituzionali. Non si può certo pensare di affrontare anche questo compito con il ricorso all'articolo 138 della Costituzione.

APPENDICI

ARGOMENTI PER UNA COSTITUENTE*

Capita spesso nei luoghi della sinistra – dibattiti, convegni, riunioni di organismi dirigenti di partito – di assistere a discussioni accanite sulle riforme istituzionali e a contrasti accesi sull'indirizzo politico che l'una o l'altra opzione dovrebbe caratterizzare. Considero questi spettacoli stupefacenti. La situazione presente, in particolare dalle elezioni politiche del '94 in poi, è contraddistinta da un vero e proprio blocco delle possibilità di riformare le istituzioni. Il primo compito che ci si pone, quindi, è quello di individuare le condizioni politiche per rimuo-

* Intervento al Convegno del Crs – Riformare la Costituzione – del 10 novembre 1995.

verlo. Trovo francamente grottesco che ci si divida aspramente sul merito delle riforme quando invece, non essendo state stabilite le condizioni e le sedi del processo decisionale, verosimilmente si sta soltanto agitando dei fantasmi.

La posizione di coloro che si oppongono alla "fase costituente" mi pare quanto mai aporetica. Da un lato, essi condividono la diagnosi della *crisi della Costituzione* e gli argomenti sempre più ricchi che in proposito si vanno accumulando man mano che l'analisi della globalizzazione viene approfondita. Ma nello stesso tempo escludono che fra i percorsi della riforma possa esserci la "chiamata in campo" del potere costituente del popolo. Più in generale, essi discutono la opportunità e la legittimità di aprire una "fase costituente", mentre essa è già in atto da tempo. Mi pare che questa sia una posizione particolarmente contraddittoria e cercherò brevemente di argomentarlo.

Il Pds e il centrosinistra affermano che il loro primo obiettivo è la riforma della Costituzione. Essi indicano anche la sede preferita: una Commissione bicamerale con poteri costituenti delimitati, composta con criterio proporzionale. Il Presidente del Consiglio Dini, poi, ha già proposto sette punti che potrebbero costituire la base di un programma di governo con carattere costituente. Gli ha fatto eco il Presidente della Repubblica, suggerendo che a tal fine venga insediata una Commissione bicamerale con poteri costituenti delimitati, e credo che egli non potesse dire di più. Non credo, cioè, che potesse essere il Presidente della Repubblica a proporre una Assemblea Costituente; ma se in un momento come questo egli ha preso l'iniziativa di sollecitare la formazione della commissione suddetta, mi pare che, leggendo fra le righe, anche il Presidente della Repubblica non escluda la possibilità di eleggere una Assemblea Costituente (con mandato delimitato). Tutti questi fatti costituiscono già una chiamata in campo del potere costituente del popolo, per lo meno nella misura in cui questi soggetti di altissimo rilievo istituzionale e di grande peso politico, indicando gli obiettivi suddetti, impegnano fortemente l'opinione dei cittadini sulla riforma della Costituzione e ne sollecitano la funzione costituente. Tuttavia, il potere popolare viene chiamato in causa in modo indiretto e prevalentemente passivo. E allora a me pare che si determini la seguente situazione: o si ritiene che nella Costituzione non vi sia nulla da riformare, e in tal caso le iniziative di Scalfaro e di Dini, nonché la posizione dell'Ulivo, andrebbero censurate e respinte. Ma non mi pare che nessuno possa fare una tale affermazione; infatti, le riforme di cui si discute riguardano la forma di governo, la rappresentanza (monocameralismo, etc.) e la struttura dello Stato, e non v'è chi non veda la rilevanza costituzionale di esse. Oppure si ritiene che il tema della riforma della Costituzione sia pertinente. Ma allora non sarebbe meglio chiamare in campo il potere costituente del popolo in modo attivo e diretto?

In verità con le elezioni del '94 la "fase costituente" è stata aperta formalmente e poiché non viene adeguatamente tematizzata dalla sinistra essa è giuocata dalla destra in maniera fuorviante e pericolosa. Subito dopo le elezioni del 27 marzo il Polo delle libertà affermò che, per effetto della nuova legge elettorale, esso aveva avuto un mandato diretto a governare. Quel che è più grave, dall'opposizione (escluso Mario Segni) questa pretesa non venne contestata, anzi la si avallò. La falsificazione che così si produsse è stata tale che, quando il governo Berlusconi cadde, quello che restava del Polo riuscì a far passare una interpretazione dei fatti per cui solo con nuove elezioni si sarebbe ripristinata la normalità costituzionale e perciò si richiedevano elezioni politiche immediate. Da allora Forza Italia e An hanno preteso che con il semplice cambiamento della legge elettorale un mutamento della Costituzione era già avvenuto ed anche questa loro pretesa non è stata contrastata in modo efficace, sicché essa costituisce la loro principale arma propagandistica e il cemento della loro unità e del loro consenso.

D'altro canto, le elezioni del '94 hanno determinato una situazione del tutto anomala. Esse intervennero quando, innanzi tutto a causa della dissoluzione della vecchia nomenclatura partitica, una "fase costituente" era aperta nei fatti. Grazie alla nuova legge elettorale, intesa a favorire il bipolarismo, il Parlamento si è raggruppato in due schieramenti che si sono costituiti anche sulla base di contrapposte vedute sull'architettura del sistema politico e dello Stato. Si sono così formati *due partiti costituenti* che della forma di governo e dello Stato han fatto una posta del loro consenso e della loro contrapposizione. I problemi dello Stato, consegnati alla sfera dei rapporti ordinari fra i partiti (affidati, cioè, alle campagne elettorali e alle contese ordinarie fra i partiti), risultano irrisolvibili. Di fatto, i partiti hanno sequestrato la sfera dello Stato instaurando per la prima volta – questa sì in senso proprio – una *partitocrazia*. Come si può pensare che un Parlamento così composto metta mano alle procedure previste dalla Carta costituzionale per la sua revisione?

Ma questa situazione non si è creata all'improvviso. Il "disastro" del '94 è stato preparato quanto meno dal biennio precedente. Infatti, erano state le elezioni del '92, le prime in cui non c'era più il Pci, il Pds era sotto il 17% e ugualmente il Pentapartito non aveva più la maggioranza, ad aprire la crisi finale della nomenclatura partitica della "prima Repubblica". La vicenda di Mani pulite funse da catalizzatore. Ma, quel che più conta rilevare in questa sede è il modo in cui la dissoluzione del vecchio sistema politico venne pilotata, con una irresponsabile triangolazione fra la grande stampa (e quindi il grande padronato), il movimento referendario e il Pds. Infatti, queste forze tutte insieme si impegnarono a distruggere più che a ricostruire, senza porsi alcun problema di equilibrio fra l'opera di dissoluzione della vecchia nomenclatura partitica e delle vecchie regole, e l'opera di ricostruzione del sistema politico. Il criterio implicito in tali comportamenti (che ancora non sono cessati) è stato che le nuove regole e i nuovi assetti li avrebbe dettati il vincitore. Questa è la situazione in cui la destra ha preso la configurazione che oggi ha, asimmetrica rispetto a tutti gli altri paesi europei poiché in nessuno di essi una destra populista, plebiscitaria e antieuropea raggiunge il 40-45% del consenso. Tutto ciò pone un compito inedito e assai arduo: quello di ripristinare l'elementare concetto che *la Costituzione è un patto*. Il criterio per cui chi vince scrive le regole è estraneo alla democrazia, un nuovo patto (parziale o generale che sia) deve essere stipulato fra tutte le parti in causa, e questo obiettivo non può essere perseguito che con regole e procedure pertinenti (una assemblea o una commissione, munite di poteri costituenti ed eletta con suffragio proporzionale).

La risorsa politica principale che io individuo, a tal fine, è nella corrispondenza degli interessi che la sinistra e la borghesia hanno a ricostruire un sistema politico democratico e stabile. Per i caratteri che ha assunto, questa destra si è rivelata non essere capace, almeno fino ad oggi, di rappresentare la forza di governo della borghesia. Il problema della rappresentanza di governo della borghesia, nel momento in cui per la prima volta in Italia si passa ad una democrazia dell'alternanza, non è risolto. Può darsi che il nostro paese sia talmente singolare che questo problema sia irrisolvibile, tanto è vero che, dalla fine dell'età liberale, noi abbiamo vissuto l'esperienza di due lunghi regimi, in entrambi i quali il problema della rappresentanza di governo della borghesia venne risolto in maniera anomala, attraverso la creazione del Partito nazionale fascista prima, e l'appoggio alla Dc (che certo non era un partito borghese), poi. Ad ogni modo, in entrambi i casi si trattava di situazioni nelle quali l'alternanza era esclusa, nel regime fascista per ragioni ovvie, nel cinquantennio democristiano e pentapartitico per ragioni diverse ma altrettanto note. Oggi, invece, il passaggio ad una democrazia dell'alternanza pare auspicato da tutti ed è avviato. Per la sinistra la soluzione del problema del partito di governo della borghesia (quello che nella grande stampa è indicato come un partito conservatore di tipo europeo) è altrettanto importante della creazione del proprio partito di governo. Quindi, prima ancora dell'obiettivo di governare ci si deve porre il compito di concorrere a creare le regole, gli equilibri e le istituzioni di una democrazia dell'alternanza. Questa è la sfida principale per la sinistra e per il Paese. Su questo piano forse possiamo individuare le forze necessarie a sbloccare la situazione attuale. Infatti, se quello che dico è vero, anche la borghesia (o parti fondamentali di essa) ha interesse – e i suoi organi di stampa lo dimostrano – a svincolarsi dall'ipoteca che il duo Fini-Berlusconi, anche per colpa delle scelte da essa fatte nel '92-94, ha acceso sulle sue possibilità di avere un partito di governo di tipo europeo. Da questo punto di vista io trovo una ragione in più per cercare di attivare le risorse utili a differenziare e dissolvere il composto in cui si è sedimentata, spero temporaneamente, la figura della destra. Si può ripristinare il principio della natura pattizia della Costituzione con una Commissione bicamerale? Bene! Non lo si può fare? Perché allora ci si deve privare della possibilità di ricorrere ad una Assemblea Costituente e regalare un'arma in più alla destra? Come si fa a non vedere che solo una Assemblea eletta con legge proporzionale potrebbe creare le condizioni per scomporre i blocchi contrapposti che attualmente occupano la scena politica e creare la possibilità di un concorso di tutti gli attori (attuali o potenziali) alla ricerca di un nuovo compromesso? Certo che c'è un rischio! C'è il rischio di eleggere una Assemblea la quale pensi di poter riscrivere per intero la Costituzione e quindi c'è il rischio che venga fuori una Carta peggiore di quella attuale. Ma questo rischio può essere evitato delimitando il mandato dell'Assemblea. È comunque un rischio da correre se con essa si può dare ai protagonisti veri della vita del Paese – al popolo sovrano – la possibilità di verificare la rappresentatività dei soggetti che ne hanno – alcuni temporaneamente, io spero – catturato la rappresentanza.

In fine, c'è un ultimo argomento che vorrei accennare. Fra gli oppositori dell'Assemblea Costituente vi è chi sostiene che, poiché essa dovrebbe essere eletta con criterio proporzionale, ciò introdurrebbe delle spinte contrarie all'affermazione di un sistema politico bipolare. Vorrei obiettare che anche per chi considera l'evoluzione bipolare del nostro sistema politico una priorità assoluta, l'Assemblea Costituente sarebbe il passaggio migliore. Non si può ignorare – e due anni di esperienza ormai lo dimostrano – che il bipolarismo italiano si incardinerà quasi certamente su Alleanza nazionale a destra e il Pds a sinistra. Quindi, un compiuto sistema politico bipolare nascerà e potrà funzionare quando anche i criteri di interdizione reciproca che avevano contrapposto le forze politiche nella Prima Repubblica (anticomunismo versus antifascismo) saranno definitivamente superati. Ma non si può non vedere che per la maggioranza degli italiani An è ancora un partito post-fascista, così come il Pds è ancora un partito post-comunista. Se però entrambi concorressero in una Assemblea Costituente a decidere le nuove regole e le nuove istituzioni, entrambi sarebbero pienamente legittimati a costituire i perni del sistema politico di una democrazia dell'alternanza. È nell'interesse di questa prospettiva che An e Pds abbiano una legittimazione piena, la quale può venire solo dal passaggio di una Assemblea Costituente. E ovviamente è nell'interesse di entrambe queste forze – così come di chiunque voglia davvero edificare una democrazia dell'alternanza – che le nuove regole e le nuove istituzioni vengano disegnate da una Assemblea eletta direttamente dal popolo.

UN'AGENDA PER LA SINISTRA*

La situazione in cui si riunisce questo Forum non è quella di qualche anno fa, quando poteva sembrare che la sinistra dovesse essere reinventata con un atto di volontà e con una decisione sui valori. Oggi mi pare si faccia strada nuovamente la percezione di una verità che al fondo è banale: la sinistra si ridefinisce in relazione al modo in cui la destra si viene ridefinendo. È un'evidenza empirica, che per lo spiazzamento determinato dagli eventi dell'89 e del '91 si era offuscata e oggi torna ad emergere: *come di consueto, sinistra e destra si definiscono vicendevolmente, nei valori e nei programmi, nel corso del pro-*

* Intervento al Seminario di Pontignano del 9 dicembre 1995.

cesso storico. Lungi da me l'idea di un facile relativismo dei valori. Ma questi altro non sono che idee regolative, l'efficacia delle quali dipende dal modo in cui di volta in volta esse si traducono in obiettivi politici ed in progetti di società. Ad esempio, i contenuti dell'idea di eguaglianza non sono gli stessi, in Europa, prima e dopo il *Welfare*, per le donne rispetto agli uomini, per chi non ha lavoro rispetto a chi ce l'ha, per gli immigrati rispetto ai residenti, etc. Il discorso sui valori, quindi, non è disgiungibile dal discorso sui programmi e questi mutano secondo il mutare della società, in base ai processi che determinano i raggruppamenti delle forze, le alternative e le opzioni fra esse.

Gli anni Novanta si caratterizzano per un ritmo più intenso e accelerato di tali processi, e per sostanziali novità. A cosa mi riferisco? Una parte della sinistra – per esempio Rifondazione comunista – richiama l'attenzione sul "meccanismo di accumulazione", ma in modo assolutamente non persuasivo ritiene che il luogo in cui esso debba essere indagato sia la sfera del processo lavorativo (in questa accezione riduttiva essa propone le nozioni di "fordismo" e "post-fordismo"). Anch'io ritengo che il nocciolo del mutamento riguardi il meccanismo di accumulazione (le condizioni e le modalità di estrazione del plusvalore), ma penso che, se davvero lo si vuole intendere e se si vuole intervenire su di esso, non dal processo lavorativo occorre prendere le mosse, ma dall'insieme dei meccanismi di regolazione, dagli apparati e dalle condizionalità della riproduzione sociale.

Il terreno principale in cui le forze si raggruppano è ancor oggi nazionale, ma i fattori che determinano i criteri del loro raggruppamento sono cambiati. Negli anni Novanta i più importanti a me paiono i seguenti: a. il modo in cui la globalizzazione dei mercati condiziona le economie nazionali eliminando le basi dell'economia mista e vanificando le possibilità della regolazione politica (statale) dello sviluppo; b. il fatto che con la globalizzazione si accelerano e si complicano la regionalizzazione e l'articolazione multipolare dell'economia mondiale; c. i modi in cui la globalizzazione interviene sulle culture nazionali e ne mette in discussione la nozione stessa; d. la configurazione della società dell'informazione, che anche in rapporto ai processi accennati muta radicalmente la "composizione demografica" dei paesi europei e i rapporti sociali al loro interno. Sono questi, a me pare, i principali processi che determinano l'agenda politica nazionale e nella formazione degli schieramenti politici e sociali inducono un mutamento di paradigmi. In Italia i temi fondamentali sui quali destra e sinistra si contrappongono riguardano: a. le sfide dell'Unione politica europea, i problemi della sovranazionalità e dell'assetto complessivo del vecchio continente; b. le *chances* della modernizzazione competitiva e contrattata del Paese; c. la riforma dello Stato (federalismo e sistema politico); d. la cittadinanza vecchia e nuova.

Vorrei attirare l'attenzione sul fatto che, per rapporto ai processi indicati, le dicotomie fondamentali non sono più né capitalismo-socialismo, né – come sembrava fino a qualche anno fa – liberismo-dirigismo, bensì internazionalizzazione negoziata versus nazionalismo economico. Anche per questo in Italia il raggruppamento delle forze – il fenomeno è emerso in modo assai evidente nell'ultimo triennio – procede non già dalla contrapposizione destra-sinistra, bensì dalla polarità destra-centrosinistra, dove l'alleanza di centrosinistra esprime sul piano politico la convergenza delle forze economiche e sociali interessate alla modernizzazione competitiva e alla internazionalizzazione negoziata del Paese. Inoltre, la portata dei mutamenti determina un particolare scompiglio nelle file della sinistra che si presenta frammentata e divisa nelle strategie; oggi come ieri non appare neppure potenzialmente maggioritaria; in gran parte dei suoi segmenti è fortemente condizionata, nella cultura e nella mentalità, dalle categorie e dagli stereotipi di un'epoca finita ormai da tempo.

Cosa ci si può proporre in una sede come questa? Se le personalità politiche qui convenute e le altre che potranno ad esse congiungersi accoglieranno – come finora pare intendano fare – la proposta di dar vita ad una sede ad hoc per comunicare fra loro riducendo i condizionamenti che gravano sugli altri luoghi dell'agire e del comunicare politico, forse questo Forum potrà essere reiterato, divenire durevole e offrire occasioni di confronto sull'agenda e magari possibilità di avvicinamento e di convergenza. Più alta potrebbe essere l'ambizione sul terreno culturale. In gran parte le divisioni e i limiti della sinistra sono un portato della storia: della sua storia e del modo (variamente differenziato) in cui essa ha vissuto la storia di questo secolo. Esse, cioè, sono una conseguenza delle sue culture. Perciò il primo compito da affrontare dovrebbe essere quello di elaborare un lessico comune e per far questo è indispensabile porre a confronto gli stereotipi dei rispettivi stili di pensiero.

Il primo riguarda il tema della *modernità*, che una parte della sinistra rifiuta apoditticamente, ovvero intende come un processo unilineare a prospettiva nichilistica o catastrofica, mentre altre parti interpretano in modi variamente apologetici. Un secondo stereotipo riguarda la visione del "secolo breve". È forse fin troppo condivisa l'idea che la vicenda del Novecento sia ormai conclusa e che dopo l'89 un altro "secolo" stia prendendo forma. Tuttavia, "il presente del passato" è rappresentato prevalentemente con le dicotomie polemologiche con cui il Novecento è stato vissuto dalle generazioni che lo hanno attraversato, prima fra tutte *la contrapposizio-*

ne fra capitalismo e socialismo. Senza una reinterpretazione del Novecento, liberata da schemi ideologici come questo, la sinistra non potrà essere promotrice di nuova storia. Come già altre volte in questo secolo, prevarrà una situazione in cui – è questa mi pare la situazione attuale – "il vecchio muore e il nuovo non può nascere".

Ma forse ancor più impellente è il compito di ripensare la guerra fredda con categorie diverse da quelle con cui l'abbiamo vissuta e interpretata, vedendo nel bipolarismo solo la contrapposizione fra due campi e non anche un modo di regolazione delle relazioni internazionali, nell'ambito del quale crescevano le interdipendenze economiche e politiche, e l'economia mondiale si articolava sempre più in grandi "regioni": vale a dire, i processi più rilevanti degli ultimi due decenni, che già negli anni Settanta venivano erodendo gli assetti internazionali del dopoguerra, determinando nuove sfide e nuove possibilità che la sinistra non ha colto. Per non dire del "conflitto economico mondiale", cornice della "nuova guerra fredda" e origine del crollo dell'assetto bipolare negli anni Ottanta, ignorando o fraintendendo il quale gran parte della sinistra è stata "sorpresa" dall'89, intontita dalla dissoluzione del "socialismo reale" e ha subìto la lettura che di quegli eventi dava la destra, in chiave ideologica, presentandoli come la vittoria finale, da sempre prevista, del capitalismo o del mercato sul socialismo.

Vi è poi il tema dell'Italia repubblicana, la cui storia non può essere racchiusa nelle semplificazioni invalse nell'ultimo decennio, sintetizzate in due canoni del lessico politico corrente: *consociativismo* e *partitocrazia*. Francamente non so di quale nuova storia può essere parte chi legga la vicenda dell'Italia repubblicana con quegli scampoli del più consunto pensiero della destra.

Infine, vi sono le sfide che scaturiscono dalla struttura del mondo di fine secolo, le sfide dell'*interdipendenza* e della *globalità*, sulle quali le divaricazioni analitiche e culturali nella sinistra sono quanto mai acute.

Ci si può proporre l'obiettivo di giungere in tempo utile ad un lessico comune? Non saprei dire. Ma una cosa so: chi più è capace di interpretare e narrare la storia, di solito s'impone nell'elaborazione dei programmi politici ed è destinato a prevalere. Dunque, confronto culturale innanzi tutto, auspicabilmente schietto e intenso. Confronto nella sinistra. Ma solo in essa? Ovviamente no. Il problema di un nuovo lessico, la creazione di un nuovo "senso comune" storico e politico, non riguarda solo la sinistra ma tutta la cultura italiana. Inoltre, ho richiamato l'attenzione sul fatto che i nuovi raggruppamenti delle forze in Italia non procedono dalla contrapposizione fra destra e sinistra bensì da quella fra destra e centrosinistra. Questo è particolarmente vero sul piano culturale. Il Polo delle libertà configura una destra che idealmente si oppone a tutte le principali correnti del pensiero politico che furono alle origini della repubblica democratica e, pur nei loro contrasti e nelle loro divisioni, ne hanno improntato la vicenda emarginando, fino agli anni Settanta, le culture della destra. I caratteri con i quali questa torna ad emergere impongono a quelle culture (che sul piano politico in gran parte confluiscono oggi nel centrosinistra) di rielaborare in un confronto serrato la vicenda comune e di ciascuna, e di interrogarsi insieme su "ciò che è vivo e ciò che è morto" di esse. La caduta dei vecchi steccati e la necessità di reinterrogarsi secondo nuovi criteri di confronto riguarda da tempo anche le relazioni fra la cultura laica e il pensiero religioso. Basti ricordare – per stare ai nostri temi – l'apporto della dottrina sociale della Chiesa cattolica alla formazione del "nuovo modo di pensare" e da ultimo anche ad una visione critica della modernità, ma riconciliata con essa.

Vorrei dire, infine, qualcosa sulle modalità con cui l'obiettivo della unificazione politica della "sinistra democratica" e dall'avvicinamento ideale e programmatico di tutte le componenti della sinistra può essere perseguito. Vi è innanzi tutto un compito di *iniziativa politica eccezionale*. Il modo in cui lo smantellamento della "Prima Repubblica" è stato pilotato nel corso degli anni Ottanta e soprattutto dal '91 in avanti ha creato una situazione del tutto particolare. L'obiettivo di disfare i vecchi assetti è stato perseguito unilateralmente da tutti i protagonisti, senza assumersi la responsabilità di equilibrare distruzione e ricostruzione. Si è affermata così una logica per cui chi vinceva avrebbe dettato le regole a tutti. Nelle elezioni del '94 i partiti hanno assunto il tema della riforma dello Stato come posta fondamentale delle rispettive alleanze e dei contrapposti schieramenti; ma essendo entrata in vigore una legge elettorale maggioritaria, le riforme regolative e istituzionali sono divenute impossibili. In tanto parlare di "partitocrazia" (riferendosi alla "Prima Repubblica") è davvero singolare che nessuno rilevi come per la prima volta dalla nascita della Repubblica proprio negli ultimi due anni, avendo i partiti sequestrato il tema dell'ordinamento dello Stato come posta delle loro contrapposizioni, si sia creata una situazione – questa sì – di *partitocrazia arroventata*. In tema di riforme costituzionali si è così determinato un vero e proprio cortocircuito: le forze in campo, contrapponendosi innanzi tutto nella visione della nuova Costituzione, non possono dar vita né ad una verace trattativa, né ad alcuna iniziativa seria in questo campo. Lo stallo può essere superato solo con l'elezione di una Assemblea Costituente che dovendo essere eletta con la proporzionale non dovrebbe essere caratterizzata dalla formazione di due blocchi dalle vedute costituzionali contrapposte. Io credo che, oltre a costituire un banco di prova fondamentale, l'iniziativa in tema di Costituente porterebbe ad un radicale rimescolamento delle carte nella sinistra e in prospettiva ad un grado maggiore di unità fra le sue componenti.

INDICE

Finito di stampare nel mese di agosto 1996
presso lo stabilimento Allestimenti Grafici Sud
Via Cancelliera 46, Ariccia RM

Printed in Italy